BRÜSSEL

Inhalt

◁ *Hop-on Hop-off am Atomium* ㊵*,
dem bekanntesten Wahrzeichen
Brüssels (Abb.: gs)*

4 Inhalt

Exkurse zwischendurch

Benutzungshinweise

City-Faltplan

Die im Buch beschriebenen Örtlichkeiten wie Sehenswürdigkeiten, Restaurants, Hotels, Cafés usw. sind im Kartenmaterial mit Symbol und Nummer eingetragen.

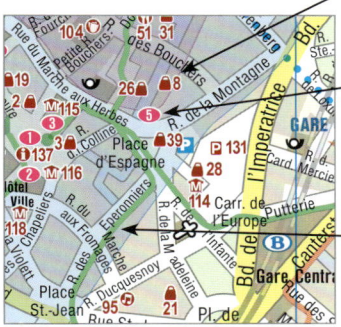

Bewertung der Sehenswürdigkeiten

★ ★ ★   auf keinen Fall verpassen
★ ★   besonders sehenswert
★   wichtige Sehenswürdigkeit für speziell interessierte Besucher

Orientierungssystem

Zur schnelleren Orientierung tragen alle Hauptsehenswürdigkeiten und Lokalitäten sowohl im Text als auch im Kartenmaterial die gleiche Nummer:

🛏8 Mit Symbol und fortlaufender Nummer werden die sonstigen Lokalitäten wie Cafés, Geschäfte, Hotels, Infostellen usw. gekennzeichnet.

❺ Mit einer fortlaufenden magentafarbenen Nummer sind die Hauptsehenswürdigkeiten gekennzeichnet. Steht die Nummer im Fließtext, verweist sie auf die Beschreibung dieser Sehenswürdigkeit im Kapitel „Brüssel entdecken".

› Die farbige Linie markiert den Verlauf der Stadtspaziergänge (s. S. 8, 9).

[G6] In eckigen Klammern steht das Planquadrat im Kartenmaterial, in diesem Beispiel Planquadrat G6.

Ortsmarken ohne Angabe des Planquadrats liegen außerhalb unserer Karten. Sie können aber wie alle Örtlichkeiten in unseren speziellen Luftbildkarten auf der Produktseite dieses Buches unter www.reise-know-how.de oder direkt unter http://ct-bruessel14.reise-know-how.de lokalisiert werden.

Internationale Vorwahlen

› **Belgien:** Tel. +32
› **Deutschland:** Tel. +49
› **Österreich:** Tel. +43
› **Schweiz:** Tel. +41

› *Das Flagey-Gebäude bietet beste Akustik bei klassischen Konzerten und Weltmusik (s. S. 37)*

Impressum

Günter Schenk

CityTrip Brüssel

erschienen im
REISE KNOW-HOW Verlag Peter Rump GmbH,
Osnabrücker Str. 79, 33649 Bielefeld

© REISE KNOW-HOW Verlag
  Peter Rump GmbH 2010, 2012
**3., neu bearbeitete und komplett
  aktualisierte Auflage 2014**
Alle Rechte vorbehalten.

ISBN 978-3-8317-2423-9
PRINTED IN GERMANY

Herausgeber: Klaus Werner
Lektorat: amundo media GmbH
Layout: Klaus Werner (Umschlag),
  amundo media GmbH (Inhalt)
Karten: Ingenieurbüro B. Spachmüller,
  amundo media GmbH
Druck und Bindung: Media-Print, Paderborn
Fotos: der Autor (gs),
  Thomas Peperkorn (tp)
Anzeigenvertrieb: KV Kommunalverlag
  GmbH & Co. KG, Alte Landstraße 23,
  85521 Ottobrunn, Tel. 089 928096-0,
  info@kommunal-verlag.de

Dieses Buch ist erhältlich in jeder Buch-
handlung Deutschlands, der Schweiz,
Österreichs, Belgiens und der Niederlande.
Bitte informieren Sie Ihren Buchhändler
über folgende Bezugsadressen:
  Deutschland: Prolit GmbH, Postfach 9,
  D-35461 Fernwald (Annerod)
  sowie alle Barsortimente
  Schweiz: AVA Verlagsauslieferung AG,
  Postfach 27, CH-8910 Affoltern
  Österreich: Mohr Morawa Buchvertrieb
  GmbH, Sulzengasse 2, A-1230 Wien
  Niederlande, Belgien: Willems
  Adventure, www.willemsadventure.nl
Wer im Buchhandel kein Glück hat,
bekommt unsere Bücher auch über
unseren Büchershop im Internet:
www.reise-know-how.de

Latest News

Unter **www.reise-know-how.de** werden
aktuelle Ergänzungen und Änderungen
der Autoren und Leser zum vorliegenden Buch bereitgestellt. Sie sind auf
der Produktseite dieses CityTrip-Titels
abrufbar.

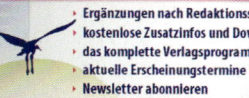

www.reise-know-how.de
› Ergänzungen nach Redaktionsschluss
› kostenlose Zusatzinfos und Downloads
› das komplette Verlagsprogramm
› aktuelle Erscheinungstermine
› Newsletter abonnieren
Verlagsshop mit Sonderangeboten

Auf ins Vergnügen

002br Abb.: gs

Brüssel an einem Wochenende

Grob betrachtet zerfällt Brüssels Kern in die Ober- und Unterstadt. Dort finden sich die wichtigsten Sehenswürdigkeiten, dort pulsiert das Leben. Und dorthin führen auch unsere ganztägigen Stadtrundgänge.

Weit außerhalb liegt das Vergnügungsviertel Brupark mit dem Atomium **39**, *einem der Wahrzeichen Brüssels, Mini Europe* **40**, *eine einzigartige Miniaturlandschaft, und das Stadion* **41** *der belgischen Fußball-Nationalmannschaft. Auch zur Basilika Sacré-Cœur* **37**, *einer der größten Kirchen der Welt, oder dem Königlichen Schloss Laeken* **38** *nimmt man am besten den Bus, um Zeit zu sparen.*

Tag 1 – Spaziergang durch die Unterstadt

Museumsfreunde und Einkaufsbummler kommen bei unserer Stippvisite der Unterstadt ebenso auf ihre Kosten wie Liebhaber metropoler Urbanität. **Bester Startpunkt** ist der zentral gelegene Grand' Place **1** im Herzen Brüssels. Wer nicht ohnehin in einem in der dortigen Umgebung liegenden Hotel nächtigt, erreicht ihn schnell über die Metrostationen Beurs [F6] oder Gare Centrale [H6].

Nach Erkundung des Platzes, der frühmorgens noch nicht allzu über-

◁ *Vorseite: Brüssels Grand Place* **1** *ist Treffpunkt der Welt – auch für diese beiden Blumenfreunde*

▷ *Die prächtigen Häuserfassaden auf dem Grand' Place* **1** *– Brüssels populärstes Touristenziel*

Routenverlauf im Stadtplan
Die hier beschriebenen Spaziergänge sind mit farbigen Linien im Stadtplan eingezeichnet.

laufen ist, führt uns ein Sträßchen aus seiner Mitte zum Mannecken Pis **11**, dem meist fotografierten Pinkler der Welt. Leicht bergauf geht es über den Place de la Vielle-Halleau-Blés zur Kirche Notre Dame de la Chapelle **22**. Jetzt ist der Spaziergänger in den **Marollen**, **Brüssels ehemaligem Armenviertel**, in dem auch die Malerfamilie Brueghel einst zu Hause war. Der Place du Jeu de Balle **23** ist das Zentrum des Quartiers. Hier ist täglich Flohmarkt.

Zurück über die Rue Haute führt die autofreie Rue de Rollebeek zum Place du Grand Sablon mit der gleichnamigen Kirche **21**. Hier laden **Cafés und Bistros** am höchsten Punkt unseres Stadtspaziergangs zum Verschnaufen ein.

Dann geht es bergab ins **Shopping-Paradies Brüssels**. Vom Glanz früherer Zeiten zeugen die Königlichen Galerien **5**. Vorbei am Place de la Monnaie **7** mit der Oper und der geschäftigen Börse **6** empfängt den Citybummler Brüssels Modemeile, die Rue Antoine Dansaert **9**. Über den Schweine-Markt geht es weiter zum Fisch-Markt mit der Kirche Sainte-Catherine **10**. Auch hier lässt es sich gut pausieren – zum Beispiel an der Fischbar (s. S. 70) vor dem Gotteshaus. Hinter dem Place de la Broukere, wo sich die meisten Metrolinien kreuzen, geht es durch eine kleine Ladengalerie in die Rue Neuve, **Brüssels geschäftige Fußgängerzone**. Ein

Laden reiht sich hier an den anderen. Einkaufsbummler können hier aussteigen! Der Rest unseres Bummels durch die Unterstadt führt über den Place des Martyrs **8** und am Belgischen Comiczentrum **13** vorbei zur Kathedrale **14**, dem **mächtigsten Gotteshaus der Stadt**, von wo es schließlich zum Startpunkt zurückgeht.

Abends

Gut Essen, Plaudern mit Freunden oder große Sause? Abends hat man die Qual der Wahl! Gourmets finden sich im sternengekrönten **Sea Grill** (s. S. 31) im Hotel Radisson ein, einem der besten Seafood-Restaurants Europas. Wer es preiswerter und nostalgischer mag, ist in einer der Jugendstilkneipen um die Börse **6** wie dem **Le Cirio** (s. S. 29) oder einem der typisch Brüsseler Bierhäuser wie dem **A la Mort Subite** (s. S. 34) bestens aufgehoben. Anschließend sollte man sich ruhig noch ein wenig die

Füße vertreten und noch einmal über den **Grand' Place** **1** schlendern, dessen Paläste im Scheinwerferlicht ganz anders wirken als morgens. Wer sich noch immer fit fühlt: Brüssels Nachtleben fängt jetzt erst richtig an (s. S. 33)!

Tag 2 – Spaziergang durch die Oberstadt

Heute kommen Museumsgänger, vor allem Freunde des Jugendstils, auf ihre Kosten. Und auch Europas Herz, das EU-Viertel, liegt auf dem Weg unseres Spaziergangs. Ausgangspunkt ist die Gare Central mit seinen Bahn-, Metro- und Busstationen. Über die Rue Ravenstein, vorbei am Palais des Beaux-Arts **15** und dem Musikinstrumentenmuseum im schönsten Jugendstilambiente **16**, geht es bergauf zum Place Royal. Mit dem Museum Magritte **19** und dem Museum der Schönen Künste **18** locken hier zwei **bedeutende Musentempel**. Auch das

Brüssel an einem Wochenende

Fremdenverkehrsbüro (s. S. 103) hat hier seinen Sitz. Unser Stadtrundgang führt am Königlichen Palast ❷⓿ vorbei ins **Europa-Viertel.** Mit dem Parlamentarium ❸⓿, dem attraktiven Besucherzentrum des Europaparlaments, gibt es dort ein neues Touristikziel. Ein paar Schritte weiter liegt der Leopoldpark mit dem Naturwissenschaftlichen Museum ❸❶. Vom Park aus sieht man die gewaltigen Bauten der Europäischen Union am besten, hinter denen ein Stück **bürgerliches Brüssel** mit vielen alten Wohnhäusern, einem kleinen See und einem Park lockt.

Fußfaule und Museumsfreunde ziehen vom Leopoldpark gleich zum Jubelpark ❷❻ weiter, der mit **drei beachtenswerten Museen** aufwartet. Autoworld ❷❼ eignet sich für die ganze Familie. Das Königliche Museum für Kunst und Geschichte ❷❽ wie auch das benachbarte Königliche Museum für Armee und Militärgeschichte sind eher etwas für Geschichtsbeflissene.

Gleich hinter dem Park taucht der Citybummler ins **Brüssel der Jugendstil-Epoche.** Hier liegt mit dem Maison Cauchie in der Rue des Francs 5 eines der schönsten Beispiele für den Baustil von einst. Vom nah gelegenen Place Saint Pierre bringt die Straßenbahnlinie 81 den vielleicht schon etwas müden Spaziergänger zum Place Flagey ❸❷, wo das Café Belga (s. S. 32) zur Pause lädt. Wer will, kann die rund zwei Kilometer durch das bürgerliche Brüssel mit seinen einfachen Jugendstil-Blocks natürlich auch laufen, touristisch ist das kein Highlight.

Vorbei an den Weihern von Ixelles führt der Weg vom Place Flagey an schönen **Jugendstil-Villen** bergauf zu Brüssels Nobelmeile, der Avenue Louise ❸❸. Beachtenswert ist das Jugendstil-Hotel Solvay (Avenue Louise 224), ein architektonisches Prachtstück.

Die fast gegenüberliegende Rue Chatelain leitet schließlich ins **Szene-Viertel Ixelles**, wo Restaurants und Cafés, kleine Läden und Boutiquen in den alten Jugendstilbauten Platz gefunden haben. Auch das Wohnhaus des Architekten Horta ❸❺, das heute ein Museum ist, findet sich hier.

Über die Avenue Louise führt der Weg an den teuersten Geschäften der Stadt vorbei zum leider nur werktags zugänglichen Justizpalast ❷❺. Über die Rue de la Regénce kommt man zur **Kirche Notre Dame du Sablon** ❷❶ und danach zum **Kunstberg**, wo der Spaziergänger mit einem wunderschönen Blick auf Brüssels Stadtkern für die Laufarbeit belohnt wird. Eine Treppenanlage führt von hier zurück zum Startpunkt in der Unterstadt.

Abends

Warum abends nicht einmal ins Theater? Das Angebot ist nicht nur groß, die Stücke werden auf Französisch, Englisch, Flämisch und häufig auch Deutsch aufgeführt! Sommerabende könnten auch am **Brüsseler Strand** (s. S. 12) enden oder in einem der Szeneviertel von **Ixelles** oder **St.-Gilles**, wo Brüssel Paris ganz nahe kommt und nicht nur der Rotwein die beiden Städte verbindet.

▷ *Alle zwei Jahre bietet der wunderschöne Blumenteppich auf dem Grand' Place* ❶ *ein außergewöhnliches Fotomotiv*

Zur richtigen Zeit am richtigen Ort

In Brüssel findet sich immer ein Grund zum Feiern – vor allem im Sommer. Manche Angebote wie der berühmte Ommegang sind längst auf Touristen zugeschnitten, andere Ausdruck einer wachsenden Lebenslust, die sich in immer neuen Festivals äußert.

Frühling

> **Antikbörse.** Große Antiquitätenmesse auf dem Thurn- und Taxis-Gelände: Schmuck, Münzen, Porzellan, Keramik, etc. (Januar/Februar, www.brafa.be).

> **Ars Musica.** Zeitgenössische Klänge bestimmen das renommierte Festival, zu dem auch Vortragsveranstaltungen gehören (März, www.arsmusica.be).

> **Festival des fantastischen Films.** Sciene Fiction und Horror, Fantasy und Thriller für mehr als 50.000 Besucher jährlich (April, www.bifff.org).

> **Besichtigung der Königlichen Gewächshäuser.** Im Frühjahr öffnet Brüssel seine botanischen Schatzkammern, ein Event nicht nur für Blumenfreunde (Ende April, www.monarchie.be, s. S. 92).

> **Floralia Brussels.** Blumenspektakel im Schloss Groot-Bijgaaden vor den Toren der Stadt. Im Park locken mehr als 1,5 Millionen Tulpen und Hyazinthen (April/Mai, www.floralia-brussels.be).

> **Brüsseler Jazz-Marathon.** Musik aller Stilrichtungen! Auf dem Programm stehen Konzerte in Klubs und Cafés, kostenlos sind die unter freiem Himmel (letztes Maiwochenende, www.brussels jazzmarathon.be).

> **Zinneke Parade.** Multikulturell geht es alle zwei Jahre – das nächste Mal 2014 – bei der Zinneke Parade zu. Afrikaner, Asiaten, Amerikaner und Europäer hauen gemeinsam auf die Pauke (Mai, www.zinneke.org).

> **Festival des Nuits Botanique.** Kultur im Park: Der Botanische Garten bildet die Kulisse für viel Musik zum Tanzen wie Rock, Soul und Funk (Mai, www. botanique.be).

Zur richtigen Zeit am richtigen Ort

Sommer

> **Couleur Café.** Ein multikulturelles Musikspektakel. Hier gibt es Reggae, Ska, Hip-Hop, Funk, Dub, Dance, Afro, Techno und Rhythm and Blues (Juni, www.couleurcafe.be).

> **Schlacht von Waterloo.** Jedes Jahr stellen Unformierte die das Schicksal Europas entscheidende Schlacht von 1815 nach (Mitte Juni, www.waterloo1815.be, s. S. 94).

> **Ommegang.** 1500 Darsteller versetzen den Besucher in die Zeit Karls V. Krönung des Spektakels ist eine abendliche Historienschau auf dem Grand' Place (Juli, www.ommegang.be).

> **Nationalfeiertag.** Mit Freiluftkonzerten, Prozessionen und Jahrmärkten feiert Belgien seine Unabhängigkeit (21. Juli, www.visitbrussels.be).

> **Brüssel Bad.** Mittelmeerfeeling in der Großstadt. Am Kanalufer lockt Brüssels schönster Strand mit Cocktailbars und viel Musik (Juli bis August, www.brusselbad.be).

> **Blumenteppich.** Alle zwei Jahre – das nächste Mal 2014 – liegt ein riesiger Blumenteppich auf dem Grand' Place (Mitte August, www.flowercarpet.be, s. S. 66).

> **Meiboom.** Brüssels ältestes Volksfest mit viel Musik und dem Umzug der Stadtriesen Mieke und Janneke. Im Mittelpunkt des Festes steht die Aufstellung eines Maibaumes (9. August, www.opt.be).

Herbst und Winter

> **Design September.** Ausstellungen, Filme, Flohmärkte, Stadtrundgänge (September, www.designseptember.be).

> **Bierfest.** Feuchtfröhliche Feier auf dem Grand' Place. Im Angebot sind viele Hundert Sorten Bier (September, www.weekenddelabiere.be).

Im schwarzen Samt mit Hermelinbesatz erscheinen die Ritter vom Goldenen Vlies, Barone, Prinzen, Grafen und andere Nobilitäten – einer schöner als der andere. Auch Brüssels Rat und die Chefs der Zünfte zeigen sich im Feststaat, dazu die Entourage der Mächtigen: Musikanten, Gaukler, Feuerschlucker und Zauberer. Eine bunte Schar, die das einfache Volk bei Laune halten soll. Mitten im Trubel steckt der Kaiser und nimmt sichtlich zufrieden die Huldigungen seiner Untertanen auf dem Grand' Place ❶ entgegen – so wie jedes Jahr beim Ommegang, Brüssels größtem **Historienfest.**

Immer im Sommer erinnert die Stadt an ihre Glanzzeiten und ihre Bürger spielen nach, wie es anno 1549 in Brüssel ausgesehen haben mag, als **Kaiser Karl V.,** *damals einer der mächtigsten Herrscher Europas, die Stadt besuchte. Für ein paar Stunden schlüpfen Kinder, Männer und Frauen in historische Rollen und lassen*

009br Abb.: gs

Beim Ommegang lebt Brüssels Geschichte

alte Geschichte neu aufleben. Es ist ein stimmungsvolles Fest mit Tanz und Musik, mit Auftritten von Fahnenschwingern, Puppenspielern, Akrobaten und Stelzenläufern, mit Turmbläsern, Fanfaren und Tambouren.

Der Ommegang ist aber mehr als ein touristisches Spektakel. Hinter dem bunten Treiben steckt ein Stück **Brüsseler Identität,** mischen sich in ihm doch historische mit religiösen Elementen. Denn genauer betrachtet ist der Ommegang, wie sein flämischer Name verrät, ein Umzug, eine Prozession, die nach wie vor an der Kirche **Notre Dame du Sablon** ㉑ startet, wo bis heute eine kleine schwarze Marienfigur große Verehrung genießt. Der Legende nach, wurde sie im Mittelalter auf Geheiß der Muttergottes von einer Brüsseler Frau aus **Antwerpen** gestohlen. Ihr Fluchtfahrzeug war ein Ruderboot, das gegen Wind und Wellengang stromaufwärts aber kaum fortkam - bis himmlische Kräfte sich der Diebin erbarmten und sie in Windeseile durch die Gischt nach Brüssel trugen. Am Ufer der Senne, so heißt es im Volksmund, habe die Gilde der Armbrustschützen Frau und Gottesmutter schließlich willkommen geheißen.

In Erinnerung an den Kunstraub organisierte man einen jährlichen Ommegang, der 1359 erstmals schriftlich Erwähnung fand. Jahrhundertelang gaben ihm Magistrat, Patrizierfamilien, Adlige, Zünfte und Gilden Geleit, die Stadt zeigte sich im Feststaat. An Glanz zumindest hat der Umzug bis heute nichts verloren. Brokat und Seide, Hermelin und Gold dominieren noch immer die Szenerie. Mehr als an den Raub der Marienfigur aber erinnert der Ommegang heute an den triumphalen Einzug Kaiser Karls V. in die Stadt. Dabei bemühen sich die Organisatoren um **historische Korrektheit** und greifen auf authentische Beschreibungen des Festes zurück. Falsche Bärte kleben dann an manchem Kinn, Uhren werden vom Handgelenk verbannt und Handys haben zu verschwinden. Trotzdem ist der Ommegang keine Neuinszenierung konkreter Historie, sondern eher Geschichtsvermittlung mit Spaßfaktor. Dafür sorgen auch die Umzugsriesen **Janneke und Mieke,** zwei Pappmacheefiguren, die ein typisch Brüsseler Ehepaar verkörpern sollen, ein riesiges **Pferd mit den vier Haimonskindern** auf dem Rücken - eine der populärsten belgischen Sagenfiguren - und der 1935 in den Ommegang integrierte Riese **Sankt Michael,** ein 126 kg schwerer Pappkamerad in römischer Soldatenkleidung mit der Seelenwaage in der Hand. Es ist Brüssels Stadtheiliger, dessen Statue während des Festspiels hoch über dem Rathaus im Scheinwerferlicht glänzt.

❯ Informationen: Ommegang - Rue des Tanneurs 180, Brüssel, Tel. 02 5121961, www.ommegang. be. Eintritt ab 37,50 €, Onlinetickets möglich. Der Ommegang findet gewöhnlich Ende Juni/Anfang Juli statt und startet gegen 20 Uhr am Place du Grand Sablon. Über den Place Royal zieht der Zug zum Grand' Place, wo die Tribünen für das Abschlussspektakel stehen.

◁ Dudelsackspieler beim Ommegang, Brüssels größtem Historienfest

Zur richtigen Zeit am richtigen Ort

❯ **Brüssel-Marathon.** Großer Volkslauf, der wie immer auf dem Grand' Place endet (September/Oktober, www. ingbrusselsmarathon.be).

❯ **Memorial Ivo van Damme.** Brüssels größtes Leichtathletiktreffen mit gigantischem Feuerwerk (September, www. memorialvandamme.be).

❯ **Art-Nouveau-Biennale.** Festival zum Thema Jugendstil mit Ausstellungen, Workshops und der Öffnung schöner Jugendstilvillen, die sonst für die Öffentlichkeit verschlossen sind (alle zwei Jahre im Oktober, nächster Termin 2015, www.voiretdirebruxelles.be).

❯ **Europalia International.** Ein kulturelles Hightlight! In vielen Hundert Veranstaltungen stellt Brüssel alle paar Jahre jeweils ein Land vor. Nächster Termin 2015 (Winter, www.europalia.eu).

❯ **Weihnachtsmarkt und „Winterfreuden".** Jährlich wachsendes Winterspektakel, seit neustem auch mit Skipiste. Dazu locken mehr als zweihundert Buden mit Glühwein und Kunsthandwerk (Dezember, www.winterpret.be).

❯ **Silvesterparty.** Großes Silvesterfeuerwerk, zu dem man sich auf dem Grand' Place oder dem Mont des Arts trifft (31. Dezember, www.visitbrussels.be).

▷ *Mit den vielen lebendigen Straßencafés versprüht Brüssel zuweilen Pariser Flair – auch abends ist jede Menge los!*

Das gibt es nur in Brüssel

❯ *Autoworld* **27**. *Ein Museum nur für Oldtimer! Mehr als hundert blitzblanke Fahrzeuge, die Geschichte machten. Autos mit großen Hupen und weißen Reifen neben Staatskarossen, die nie ausgeliefert wurden.*

❯ *Flohmarkt auf dem Place du Jeu de Balle* **23**. *Wer dem alten Brüssel nahekommen will, besucht den täglichen Trödelmarkt in den Marollen. Das Quartier ist das Viertel der einfachen Leute, die oft noch Dialekt sprechen.*

❯ *Gueuze. Einem nur im Brüsseler Umland existierenden Hefepilz verdankt das weltberühmte Bier sein Dasein. Es lebt von der Spontangärung und gilt als absolute Spezialität. Wer will, kann den Brauern bei seiner Fertigung zusehen (s. S. 39).*

Allgemeine Feiertage

❯ **Neujahr** (1. Januar)
❯ **Ostern** (So. und Mo.)
❯ **Tag der Arbeit** (1. Mai)
❯ **Christi Himmelfahrt**
❯ **Pfingsten** (So. und Mo.)
❯ **Belgischer Nationalfeiertag** (21. Juli)
❯ **Mariä Himmelfahrt** (15. August)
❯ **Allerheiligen** (1. November)
❯ **Gedenktag zum Ende des Ersten Weltkriegs** (11. November)
❯ **Weihnachten** (25. Dezember)

Brüssel für Citybummler

Brüssel ist keine Metropole wie New York oder Paris, die einen auf den ersten Blick für sich einnimmt. Fast alle Besucher wissen das und haben doch meist nur Lob für die Stadt übrig. Brüssels Geheimnis sind nicht wie in London, Rom oder Madrid die historischen Sehenswürdigkeiten, noch hängt es wie in Venedig oder Istanbul von seiner einmaligen Lage ab. Brüssel lebt von seiner Mischung aus Kunst, Kultur und Kommerz, beseelt von Menschen, die zwischen Tradition und Moderne Kurs halten – ausgestattet mit einer gewaltigen Portion Lebenslust. Krisen begreift man in Brüssel nicht als Katastrophe, sondern als Ansporn, es künftig besser zu machen. Als Citybummler sollte man deshalb viel Neugier mit in die Hauptstadt bringen, die mehr zu bieten hat, als die bunten Prospekte der Tourismuswerber verheißen.

Natürlich ist der **Grand' Place** ❶ noch immer der wichtigste Besuchermagnet, aber auch das **Atomium** ㊴ samt umliegender **Vergnügungsparks** ㊵ zieht die Touristen an. Und natürlich pilgern die Massen zum pinkelnden Burschen in der Rue de l'Etuve, der als **Manneken Pis** ⓫ weltbekannt ist. **Ilot Sacré**, die heilige Insel, heißt die geschäftige Gegend um die Börse ❻, ein Quartier mit engen Gassen, in denen sich Billigshops und Fast-Food-Restaurants drängen – eine touristische Nahkampfzone, hinter deren Ramschfassaden Zeugen der Geschichte wie die kleine **Nikolauskirche** ❹ verblassen.

Auf der anderen Seite des an der Börse entlangführenden Boulevard Anspach, der am Place de Brouckere endet, dem wichtigsten Kreuzungspunkt der Metrolinien, beginnt

das Brüssel der Moderne. Der **Place Saint-Géry** [F6] samt umliegender Kneipen, Discos und Bistros ist zum abendlichen Treffpunkt der Jugend geworden, die **Rue Dansaert** ❾ zur neuen Modemeile. Und auch am Kanal de Charleroi hat die Stadt wie am **Thurn-und-Taxis-Gelände** ein neues Gesicht gewonnen. Das neue Brüssel zeigt sich auch im **Europaviertel** (s. S. 56) mit seinen Glas- und Stahlpalästen und dem **Parlamentarium** ㉚, einem High-Tech-Museum, das Verständnis für Europa und sein Parlament wecken soll.

Modern gibt sich Belgiens Hauptstadt auch rund um den **Gare du Midi** ㊱, dem Halt der Hochgeschwindigkeitszüge, die den Reisenden fast im Stundentakt nach Paris, Köln, London oder Amsterdam bringen.

Nur ein paar Hundert Meter weiter ist man in den **Marollen**, dem einstigen Armenquartier. Hier kann man noch immer etwas vom alten Brüssel schnuppern. Ein Aufzug führt weiter in die Oberstadt, ins **Sablon-Viertel** und damit in das Brüssel der Kunst- und Antiquitätenhändler, das rund um den Place du Grand Sablon mit Cafés und edlen Schokoladengeschäften seine genussvolle Seite zeigt. Gleich um die Ecke finden sich einige der wichtigsten **Museen** der Stadt, Horte millionenschwerer Meisterwerke, aber auch Laufsteg der Kulturschickeria, die in Brüssel mehr als Hundert Museen findet, darunter viele von Weltrang wie die Königlichen Museen der schönen Künste **⑱**.

Als Citybummler sollte man allerdings wissen, dass man den Pulsschlag der Stadt vor allem in den beiden Quartieren **Ixelles** und **Saint-Gilles** spürt, deren Jugendstilvillen vom einstigen Wohlstand zeugen. Heute sind sie Ziele anspruchsvoller Nachtschwärmer, ballen sich dort doch Kinos und Künstlerkneipen, Edelrestaurants und Bistros, deren kulinarische Palette von der klassischen französischen bis zur afrikanischen Küche reicht. Hier ist jene weltstädtische Offenheit zu spüren, die das Miteinander von Menschen aller Rassen, Hautfarben und Kulturen erst möglich macht. Noch näher an der Völkermühle Brüssel ist der Besucher in **Schaerbeek**, wo vor allem Muslime leben, und in **Matonge** (s. S. 16), dem Schwarzenviertel des Quartier Ixelles.

Noch ein Wort zum Verkehr: Auf Brüssels Straßen – vor allem zur Rushhour werktags von 7 bis 10 und von 15 bis 18 Uhr – herrscht häufig Dauer-Stau. Ganz schlimm ist es bei Demonstrationen, EU-Treffen oder Großveranstaltungen, von denen es jährlich Dutzende gibt. Deshalb sollte man das Auto einfach zu Hause lassen und auf **Metro** und **Straßenbahn** vertrauen, die in kurzen Taktabständen unterwegs sind. Und auch das Fahrrad bringt einen zügig voran, weisen Brüssels Stadtväter doch in der Stadt immer mehr Radwege aus.

Matonge – Klein Kongo in Brüssel

*Matonge ist das „andere" Brüssel und wird von den Einheimischen „Klein-Kongo" genannt. Menschen aus vielen **schwarzafrikanischen Nationen** leben in diesem Stadtteil rund um die Chaussée de Wavre und die benachbarte Rue de la Longue Vie [18]. Seinen Namen verdankt Matonge dem gleichnamigen **Kneipenviertel** in der Kongometropole Kinshasa und wie dort ist auch hier fast rund um die Uhr Betrieb. Mittelpunkt des Viertels ist die Ladenstraße Galerie Ixelles mit vielen Friseursalons, Gemüse- und Plattenläden. Auch ein paar ausgefallene Klubs mit „schwarzer" Musik und Restaurants, deren exotische Küche mehr und mehr Menschen zu schätzen lernen, finden sich hier.*

061br Abb.: gs

Brüssel für Kauflustige

Anders als in vielen Großstädten Europas verteilen sich Brüssels beste Shoppingadressen über die ganze Stadt. Große Einkaufszentren wetteifern mit kleinen Ladenstraßen und überdachten Galerien, deren Geschäfte viel Wert auf Individualität legen. Letzteres gilt auch für die vielen Märkte jeden Tag, die sich vor allem an den Wochenenden ballen.

Besonders populär sind die **Floh- und Trödelmärkte** wie z. B. der tägliche Markt auf dem Place du Jeu de Balle. Außerdem hat fast jeder der 19 Stadtteile seinen eigenen **Wochenmarkt** (s. S. 23), auf dem man wirkliche Schnäppchen machen kann. So fallen gegen Marktschluss meist die Preise und man kann sich ab 50 € oft vom Scheitel bis zur Sohle komplett neu einkleiden. Für das Geld gibt es in den edlen Luxusboutiquen um den **Place Louise** ㉝ nur einen Blick ins Schaufenster.

Im Schnittpunkt des Boulevard Waterloo mit der Avenue Louise ㉝ sind die **Luxusmarken der Weltmode** samt passender Juweliere angesiedelt. Nur ein paar Schritte weiter, im Matonge-Viertel (s. S. 16), kommt man deutlich billiger weg, hier kann man sich bei einem Trendfriseur Zöpfchen flechten lassen, kongolesische Kunst oder CDs mit „schwarzer" Musik kaufen. Wer **Antiquitäten** sucht, ist im Sablon-Viertel und den benachbarten Marollen richtig.

Brüssel ist vor allem auch eine Stadt der überdachten **Galerien**, die den Einkauf auch bei Regenwetter zum Vergnügen machen. Die schönste ist auch die älteste, die Galéries Royales Saint-Hubert ❺, die nur einen Katzensprung vom Grand' Place ❶ entfernt ist. Große und klei-

Shoppingareale
Die wichtigsten Shoppingbereiche der Stadt sind im Kartenmaterial mit einer rötlichen Fläche markiert.

ne **Kaufhäuser** finden sich rund um die Rue Neuve, wo mit der City 2 (s. S. 20) auch eines der größten innerstädtischen Einkaufszentren Belgiens seinen Standort hat. In der City 2 haben die wichtigsten Kaufhäuser wie FNAC, spezialisiert auf Musikartikel, Bücher und Unterhaltungselektronik, oder der Textilriese Galeria INNO, der gleich mit mehreren Läden in Brüssel vertreten ist, ihren Platz. Und immer eine Stippvisite wert ist das Woluwe Shopping Center (s. S. 20) in Woluwe-Saint-Lambert. Gegenüber liegt mit Cook & Book (s. S. 21) eine Erlebnislandschaft, in der sich Buchhandel und Gastronomie unter einem Dach präsentieren.

Brüssels **Preise** unterscheiden sich wenig von denen in Deutschland und Österreich. Auf alle Fälle sollte man vergleichen und nur kaufen, was einem auch unbedingt gefällt – individuelle Kleidung zum Beispiel, wie sie auf Brüssels neuer **Modemeile**, der Rue Antoine Dansaert und den angrenzenden Straßen, angeboten wird. Gut aufgehoben sind auch Freunde **alter Bücher und Antiquitäten, von Comics und Vintage,** die in kleinen und größeren, über fast die ganze Stadt verteilten Läden fündig werden können.

Die Lieben zu Hause werden Sie nach Ihrem Brüsselbesuch sicher nach **Schokolade** fragen, für die Belgien Weltruhm genießt, schließlich sind die Meister der Schokokunst hier heimisch (s. S. 18). Aber auch **Brüsseler Spitze** oder die **belgischen Biere,**

Schokolade und Pralinen – Brüssel für Naschkatzen

Nirgends auf der Welt finden sich so viele Süßwarenläden auf engstem Raum. „Chocolats belges" verheißen die Werbetafeln und Aufschriften zahlloser Geschäfte, in deren Schaufenstern sich weiße, braune oder schwarze Schokokugeln stapeln. Ohne Zweifel gehören die Belgier zu den größten Naschkatzen der Welt. Aber auch die Brüsselbesucher schleppen die süßen Mitbringsel gleich tonnenweise mit nach Hause, sind Süßigkeiten doch das wohl typischste Souvenir der Stadt, die sich rühmt, die Praline erfunden zu haben.

Der aus der Schweiz eingewanderte Jean Neuhaus hatte mit seinem Schwager, einem Apotheker, 1857 in den Königlichen Galerien eine Süßwarenhandlung eröffnet, die neben Hustenbonbons und Lakritzen vor allem bittere Schokoladenriegel offerierte. Im Lauf der Jahre wurde aus dem eher pharmazeutischen Laden eine „chocolaterie". 1912 übernahm sein Enkel, Jean Neuhaus jun., das Geschäft und er sollte schließlich die Praline erfinden.

Die Schokoladenfabrik Neuhaus (s. S. 19) gibt es noch heute in der Galerie de la Reine, dazu Firmenableger in der ganzen Stadt. Längst ist Neuhaus auch börsennotiert und rund 2000 Geschäfte in 50 Ländern verkaufen die belgischen Markenprodukte. Inzwischen sind aber Dutzende anderer Schokoladenanbieter hinzugekommen, so z. B. der griechische Unternehmer Leonidas Kesdekidis, der schon um die vorletzte Jahrhundertwende in den Vereinigten Staaten feinste Schokoprodukte herstellte und den Grundstein für Leonidas legte, eine der populärsten Marken im Süßwarenbusiness. Groß im Schokogeschäft ist auch Godiva (s. S. 19), ebenfalls eine Brüsseler Firma, die ihre Produkte bis zum Zweiten Weltkrieg noch unter dem Familiennamen Draps vertrieb, ehe sie das Bildnis der blonden Lady Godiva, die der Legende nach vor einem Jahrtausend nackt durch das britische Coventry ritt, zu ihrem Firmenwappen machte.

Zentriert sind die Schoko-Läden rund um den Grand' Place ❶ und den Place du Grand Sablon. Einen Bogen sollten City-Trip-Reisende allerdings um die vielen Souvenirläden rund um den Grand' Place machen, die Billig-Schokolade schick verpacken und teuer verkaufen. Da ist man in den kleinen Schokoladen-Manufakturen besser aufgehoben. Bei Laurent Gerbaud zum Beispiel, der dunkle Schokolade auch mal mit Pfeffer kombiniert, oder in der Chocolaterie Duval, die ohne Konservierungsstoffe arbeitet. Einen Namen hat sich längst auch Pierre Marcolini gemacht, in dessen Flagship-Store am Sablon-Platz die Pralinen stilgerecht mit weißen Handschuhen in edle Kartons gepackt werden. Qualität, sollte man jedoch wissen, hat immer auch ihren Preis!

Wer sich über die Geschichte der Schokolade informieren will, sollte das kleine Musée du Cacao et du Chocolat (s. S. 41) unweit des Grand' Place besuchen. Täglich außer montags gießt hier ein Meister seines Faches heiße Schokolade in Formen.

Und wer einmal probieren möchte: Im Haus der belgischen Chocolatier-Meister am Grand Place 4 offerieren zehn belgische Chocolatiers ihre besten Kreationen.

Schokolade und Pralinen – Brüssel für Naschkatzen

055br Abb.: gs

1 *[L4] Chocolaterie Duval, Rue des Chardons 19, Tel. 02 2429466, www.chocolaterieduval.com, Mo.–Do. 9–16, Fr. 9–12 Uhr.* Originelle Schoko-Produkte eines Geschmacksfetischsten, der auch mal Bier in die Schokolade mischt.

2 *[G6] Galler Grand' Place, Rue au Beurre 44, www.galler. com, Tel. 02 5020266, tgl. 10–22 Uhr.* Verkaufs-Flaggschiff des Schoko-Großproduzenten, der in Ixelles und Uccle weitere Läden hat. Kunden schätzen besonders seine Katzenzungen.

3 *[G6] Godiva Grand' Place, Grand' Place 22, Tel. 02 5112537, www.godiva.com, Mo.–Sa. 9–23, So. 10–23 Uhr.* Solide Qualität zu erschwinglichen Preisen beim Großlieferanten.

4 *[G7] La Manufacture Marcolini, Place du Grand Sablon 39, Tel. 02 5131783, www.marcolini. be, Di.–So. 10–19, feiertags 10–17 Uhr.* „Pâtisserie fraîche et vivante", feinstes Zuckergebäck, das vor den Augen der Besucher gefertigt wird.

5 *[H7] Laurent Gerbaud, Rue Ravenstein 2 D, Tel. 02 5111602, www.chocolatsgerbaud.be, Mo.–So. 10.30–19.30 Uhr.* Spezialitäten sind dunkle Schokolade auf Früchten oder Salz-Kombinationen. Da schmecken auch Pfeffer oder Bergamotte süß!

6 *[G7] Marcolini Sablon, Rue des Minimes 1, www.marcolini.be, Tel. 02 5141206, Mo.–Mi. 10–19, Do.–Fr. 10–20, So. 10–19 Uhr.* Ladenflagschiff des Schokopapstes, der inzwischen rund ein Dutzend Läden in Brüssel sein Eigen nennt.

7 *[H5] Mary, Rue Royal 73, Tel. 02 2174500, www.mary.be, Mo.–Sa. 10–18 Uhr.* Königlicher Hoflieferant, der in seiner Manufaktur in der Chaussée de Wavre auch Workshops anbietet.

8 *[G6] Neuhaus, Galerie de la Reine 25–27, www.neuhaus.be, Tel. 02 5126359, So.–Do. 9–22, Fr./ Sa. 9–23 Uhr.* Das Stammhaus der Neuhaus-Kette lockt noch immer mit ausgefallenen Schokoladenkreationen.

9 *[G7] Patrick Roger, Place du Grand Sablon 43, Tel. 02 225147046, www.patrickroger. com, So.–Fr. 10–19, Sa. 10– 19.30 Uhr.* In Paris gilt er als Chocolatier Nummer Eins, jetzt ist er auch in Brüssel. Sein Shop gleicht einer Galerie – und auch die Preise erinnern daran, dass hier ein Künstler arbeitet.

10 *[G9] Zaabär, Chaussée de Charleroi 125, Tel. 02 5339580, www. zaabar.be, Mo.–Fr. 10–18, Sa. 11– 19 Uhr.* Brüsseler Chocolatier, der leckere Gewürze mit feiner Schokolade mischt.

deren Vielfalt immer wieder fasziniert, eignen sich gut als Souvenirs.

Wer Hilfe im Einkaufs-Dschungel sucht: Das Touristenbüro bietet einen „Personal Shopper" als (deutschsprachige) Begleitung durch die Geschäfte. Ein sehr teurer Spaß allerdings!

Modestadt Brüssel

Neben Antwerpen, London und Paris hat sich Brüssel unter Kennern mittlerweile auch in Sachen Mode einen Namen gemacht. La Cambre, Saint-Luc und Francisco Ferrer heißen die neuen Modeschulen. Und fast jeden Monat eröffnet irgendwo in der Stadt kleine Läden mit Klamotten, Accessoires und Textilien, die voll im Trend liegen. Und immer mehr auch macht sich Vintage neben Designermode breit.

Rue Antoine Dansaert [E5/F6] heißt die **Brüsseler Modemeile** gleich im Schatten der Börse. Hier ballen sich die Geschäfte und Boutiquen mit individueller Mode für Damen und Herren – aber auch für Kinder. Preiswert ist das nicht! Da lohnen Abstecher in die Seitengassen, wo ebenfalls immer wieder neue Designerläden aufmachen, die freilich oft genau so schnell wieder schließen.

Einkaufszentren

🔖**11** [G5] **City 2**, Rue Neuve 123, www.city2.be, Mo.–Sa. 10–19 Uhr (freitags bis 19.30 Uhr). Rund einhundert Shops und Bistros auf 51.000 Quadratmetern Gewerbefläche, vom Klamottenladen Appel's bis Zara.

🔖**12 Woluwe Shopping Center**, Woluwe boulevard 70, www.woluweshopping center.be, Mo.–Sa. 10–19 Uhr (freitags bis 20 Uhr). 150 Shops, davon rund 20 Lebensmittelläden.

Ausgefallene Einkaufsideen

🔖**13** [F5] **Annemie Verbecke**, Rue A. Dansaert 64, Tel. 02 5112171, www.anne mieverbecke.be, Mo.–Sa. 11–18 Uhr. Flagship-Store der Modedesignerin A. Verbecke hinter schlichter Fassade. Teure Damenmode von Weltrang!

🔖**14** [F6] **Arlequin Centre**, Rue du Chene 7, Tel. 02 5145428, www.arlequin.net, Mo.–Sa. 12–19, So. 14.30–19 Uhr. Kultiger Secondhand-Plattenladen mit großer Auswahl an alten LPs und Kassetten.

🔖**15** [L9] **Atelier Versicolore**, Avenue de la Chasse 62, Tel. 02 7338733, www. atelier-versicolore, Mo.–Fr. 8–12 u. 13–17 Uhr. Glasfenster-Manufaktur im Stadtteil Etterbeek. Für alle Jugenstil-Freunde!

🔖**16** [I8] **Beer Mania**, Chaussée de Wavre 174–176, Tel. 02 5121788, www.beermania.be, Mo.–Sa. 11–21 Uhr. Erster Internet-Bierladen der Welt, der in seinem Stammquartier in Ixelles einen eigenen Shop hat. Im Angebot sind mehr als 400 verschiedene Sorten – auch das hauseigene Mea Culpa.

🔖**17** [H7] **BOZAR Boutik**, Rue Ravenstein 15, Tel. 02 5141505, www.bozar.be,

EXTRATIPP
Öffnungszeiten
Belgien kennt **keine festen Öffnungszeiten.** In der Regel haben die Innenstadtgeschäfte zwischen 10 und 18 Uhr geöffnet, donnerstags oder freitags oft auch länger. Das heißt aber auch, dass manche früher oder später öffnen, andere früher oder später schließen. Rund um den Grand' Place haben ein paar Läden gar bis Mitternacht geöffnet. Sonntags sind die Geschäfte gewöhnlich zu, aber auch hier bestätigen Ausnahmen immer öfter die Regel.

Mo.–So. 10–19 Uhr. Auf 360 Quadratmetern finden sich Kunstbücher und Ausstellungskataloge, Postkarten, Magazine und Tonträger.

18 Cook & Book, Place du Temps Libre 1, www.cookandbook.be, Tel. 02 7612600, Mo.–Mi. 8–22, Do.–Sa. 8–24, So. 8–21 Uhr. Shoppingparadies für Bücher- und Musikfreunde um einen im Sommer bewirtschafteten Innenhof mit einigen Restaurants im Stadtteil Woluwe Saint Lambert. Angeblich sind in den kleinen Geschäften mehr als 70.000 Bücher und CDs im Angebot.

19 [G6] **Dandoy,** Rue au Beurre 31, Tel. 02 5110326, www.maisondandoy.com, Mo.–Sa. 8.30–18.30, So. 10.30–18.30 Uhr. Spezialist für Spekulatius, Mandelbrote, Waffeln und Pain à la Grecque, einer Brüsseler Spezialität.

20 [G7] **Daniel Traube,** Rue de Rollebeek 33, Tel. 02 5028052, geöffnet: Di.–So. 10.30–18.30 Uhr. Hunderte von alten Spazierstöcken hat der Antiquitätenhändler im Angebot, viele davon sind Unikate mit Zigarettenetuis im Handgriff oder eingebautem Schnapslager.

21 [G6] **Galerie Bortier,** Rue de la Madeleine 55, Tel. 02 5138940, tgl. 9–18 Uhr. Überdachte Ladengalerie mit mehreren Buchhandlungen im Stadtzentrum. Der ideale Ort zum Schmökern in antiquarischen Büchern!

22 [F6] **Girbal Weinzubehör,** Rue van Artefelde 127–133, Tel. 02 5114560, www.girbal.be, Di.–Fr. 9.30–13 und 13.30–16.30 Uhr. Spezialgeschäft für Wein- und Schnapsfreunde: hochpreisige Korkenzieher, Dekantierer, Gläser, Wein- und Sektkühler, ja sogar kleine Anlagen zur hauseigenen Schnapsfabrikation.

23 [F8] **Haute Antique,** Rue Haute 207, www.hauteantiques207.be, Tel. 02 5489480, tgl. 10–18 Uhr. Belgiens größtes Antiquitätengeschäft: Vierzig Händler auf über 2000 Quadratmetern Austellungsfläche.

24 [F8] **Idiz Bogam,** Rue Haute 180–182, Tel. 02 5121032, Di.–So. 11–19, So. 11–18 Uhr. Brüssels populärster Vintage-Shop: Damenmode und Möbel aus den 1930er bis 1970er Jahren und eine kleine Kaffeebar.

25 [H10] **le typographe,** Rue Américaine 67, Tel. 02 3451676, www.typographe.be, Mo.–Fr. 13–18, Sa. 11.30–18 Uhr. Weltweit bekannte Buchbindermanufaktur mit Blöcken und Kalendern, aber auch Schreibwerkzeug oder Boxen für Visitenkarten im Angebot.

⊡ Ein Paradies für Spazierstockfans: das Geschäft von Daniel Traube in der Rue de Rollebeek

Brüsseler Spitzen

01.4br Abb.: gs

Verstaubte Trachten, Omas Tischdeckchen – daran denkt man, wenn von Spitze die Rede ist. Hinter dem Begriff verbirgt sich ein **durchbrochenes Textilgewebe**, das jahrhundertelang ausschließlich in Handarbeit gefertigt wurde. Die Fertigungstechnik kam im späten Mittelalter auf und noch heute streiten sich Italiener und Belgier, wer die Idee dazu hatte. Spitze jedenfalls war lange Zeit ein **Statussymbol**, mit dem sich nicht nur Frauen, sondern auch der männliche Adel und vor allem der Klerus schmückte. Im Lauf der Jahre entwickelte sich in den flämischen Städten ein individueller Herstellungsstil. Das war die Geburtsstunde der **Brüsseler Spitzen,** oft auch Brabanter Spitzen genannt. Einige der schönsten Beispiele finden sich noch heute in der Stadt, etwa als Kopfschmuck kirchlicher Marienfiguren. Unvergleichlich schön ist auch das Deckbett, das man einem großherzoglichen Paar einst zur Vermählung schenkte: ein Überwurf mit über 100 Bildern, heute im Königlichen Museum für Kunst und Geschichte **28** zu sehen.

Mit Beginn der **Industrialisierung** verlor das Handwerk aber an Bedeutung. Mit der Indienststellung modernster Textilautomaten geriet das Klöppeln in Vergessenheit, war doch die Maschine viele Tausend Mal schneller als jede noch so kunstfertige Handwerkerin.

Inzwischen erlebt das Klöppeln eine **Renaissance** und mehr und mehr engagierte Bürger kümmern sich wieder um die alte Tradition. Wer sich näher dafür interessiert, ist im **Musée du Costume et de la Dentelle** (Museum für Kostüm und Spitze, s. S. 41) bestens aufgehoben, das eine große Sammlung feinster Spitzen zeigt – vom Messgewand bis zur Abendgarderobe – und eine Werkstatt für Bortenwirkerei aus dem 19. Jahrhundert.

△ *Augen auf beim Spitzen-Kauf – echte Handarbeit hat ihren Preis!*

26 [G6] **Manufacture Belge de Dentelles,** Galerie de la Reine 6–8, www.mbd.be, Tel. 02 5114477, Mo.–Sa. 9.30–18, So. 10–16 Uhr. „Spitzen"-Qualität seit 1810, im Angebot sind z. B. Blusen, Schleier und Schürzen.

27 [G7] **Senses Art Nouveau,** Rue Lebeau 31, www.senses-artnouveau.com, Tel. 02 5021530, Di.–Sa. 11–18.30, So. 11–15.30 Uhr. Der kleine Laden hat sich als einziger in Brüssel ganz dem Jugendstil verschrieben. Im Angebot sind Reproduktionen von Schmuckstücken, Gläsern, Vasen und Brieföffnern.

28 [G6] **Smurf,** Rue Marche aux Herbes 116, Tel. 02 2653325, www.smurfstore.be, tgl. 10–17 Uhr. Wer die Schlümpfe liebt, ist hier richtig. Die blauen Gesellen toben nicht nur auf Tassen und T-Shirts.

29 [F5] **Stijl (1),** Rue Antoine Dansaert 74, Tel. 02 5120313, www.stijl.be, Mo.–Sa. 10.30–18.30 Uhr. Ann Demeulemeester, Dries van Noten und andere Mode-Ikonen unter einem Dach. Sogar Madonna wurde hier schon gesichtet.

30 [F5] **Stijl (2),** Place du Nouveau Marché au Grain 6, Filiale des Modeladens.

31 [G6] **Tropismes,** Galerie des Princes 11, Tel. 02 5128852, www.tropismes.be, Mo. 13.30–18.30, Di.–Do. 10–18.30, Fr. 10–19.30, Sa. 10.30–19, So. 13.30–18.30 Uhr. Mehr als 40.000 Bücher, vor allem auch vergriffene und seltene Kunst- und Wissenschaftsbände.

Märkte

Wer Trödel liebt, frische Blumen, Brot, Gemüse, Wurst, Käse oder biologische Lebensmittel, wer seltene Bücher oder alte Postkarten sucht, kurz: wer Sinn für den etwas anderen Einkaufsbummel hat, kommt auf Brüssels Märkten auf seine Kosten. Allerdings sind viele Flohmärkte nur eine

Nostalgiker aufgepasst!

Wie in vielen Metropolen boomt auch in Brüssel „der Blick zurück" – Retro- und Vintage sind gefragt. Überall in der Stadt finden sich so große und kleine Secondhand-Läden mit Möbeln, Kleidern und Accessoires aus dem letzten Jahrhundert. Hier eine Auswahl:

33 [H11] **Lady Dandy,** Rue du Page, www.ladydandy.be, Di.–Fr. 11–18.30, Sa. 10.30–18.30 Uhr

34 [F6] **Gabriele Vintage,** Rue des Chartreux 27, www.gabrielevintage. com, Mo.–Di. 13–18.30, Mi.–Sa. 11–18.30 Uhr

35 [F8] **Foxhole Vintage Shop,** Rue des Renards 6, www.foxholeshop.com, Di.–Sa. 12.30–18.30 Uhr

36 [H10] **Les Petits Riens-Retro Paradise,** Rue Américaine 101, www.les petitsriens.be, Mo.–Sa. 12–17.30 Uhr

gehobene Restmüllbörse. Seit ein Gesetz jedem erlaubt, seinen Haushalt mittels Marktstand zu verkleinern oder gar aufzulösen, ist der Zulauf der Anbieter ungebrochen. So bietet **fast jeder Stadtteil** mindestens einmal monatlich einen Flohmarkt an.

Antikmärkte

32 [G7] **Place du Grand Sablon,** Sa. 9–17, So. 9–14 Uhr. Brüsseler Vorzeigemarkt, ausgesuchte Antiquitäten, hohes Preisniveau, viele Touristen.

23 [F8] **Place du Jeu de Balle,** Mo.–Fr. 7–14, Sa./So. 7–15 Uhr. Täglicher Trödelmarkt mit viel Kitsch und wenig Kunst.

Blumenmarkt

1 [G6] **Grand' Place,** Di.–Mi., Fr.–So. 8–18 Uhr (März–Okt.). Ein paar Blumenstände sind die letzten Reste einer großen Markttradition auf Brüssels Vorzeigeplatz.

Caricoles – Meeresschnecken

Vor allem auf Märkten begegnet man den kleinen Karren fliegender Händler. Sie verkaufen Meeresschnecken, die traditionellen „caricoles", gegart in einem Sud aus Sellerie, Salz, Paprika und Schnittlauch. Die Meeresschnecken erinnern daran, dass Brüssel durch den Kanal von Willebroek direkt an die Nordsee angebunden ist.

Die Meeresfrüchte in heißer Bouillon, so heißt es, helfen im Winter gegen Erkältung, im Sommer gegen Müdigkeit. Und auch sonst werden ihnen Kräfte nachgesagt, auf die vor allem Hochzeitspaare vertrauen, die einen Karren mit „caricoles" zur Trauung bestellen.

Allgemeine Märkte

🏠**37** [F5] **Place Sainte-Catherine**, Do.–Sa. 7–20 Uhr, Mi. Biomarkt 7.30–15 Uhr. Viel besuchter Wochenmarkt mit frischen Lebensmitteln und Blumen.

🏠**38** [E8] **Gare du Midi**, So. 8–13.30 Uhr. Viel besuchter Multikultimarkt gleich neben dem modernen Bahnhof.

🏠**39** [G6] **Place de l'Agora**, Fr.–So. 10–18 Uhr. Kunsthandwerkermarkt für Souvenirsucher.

🏠**40** [H10] **Place du Chatelain**, Mi. 14–19 Uhr. Klassischer Wochenmarkt im Stadtteil Ixelles.

🏠**41 Place Dumon**, Di., Fr.–Sa. 8–13 Uhr. Gemischtwarenmarkt im Viertel Woluwe-Saint-Pierre.

🏠**42** [J10] **Place Flagey**, Di.–So. 8–13 Uhr. Lebensmittel aller Art.

🏠**43** [C7] **Rue Ropsy Chaudron**, Fr.–So. 6–14 Uhr. Riesiger Hallenmarkt im Stadtteil Anderlecht: Fleisch, Obst, Gemüse, Secondhandartikel...

Brüssel für Genießer

Brüssel nennt sich gern „Welthauptstadt der Gastronomie". Auch wenn das kein Qualitätsurteil ist, kaum eine andere Metropole hat eine so große Auswahl an Restaurants und Kneipen, Bars und Cafés, Bistros und Brasserien. Fast zweitausend Gastronomiebetriebe wollen Statistiker in der Stadt schon gezählt haben, vom einfachen Frittenladen bis zum exklusiven Gourmettempel. Viele Tausend Köche haben hier ebenso ihre Bühne wie Küchenhelfer, Spüler und Kellner.

In Belgiens Hauptstadt legt man Wert auf gutes Essen und Trinken, hier drängen sich die Feinschmeckertempel wie das sterngekrönte Restaurant **Bruneau** (s. S. 29) oder das Meeresfrüchteparadies **Sea Grill** (s. S. 31) im Hotel Radisson, wo Brüssels beste Fischmenüs auf den Tisch kommen. Wochenlang könnte man hier auf kulinarische Entdeckungsreise gehen, sich verwöhnen lassen mit dem Besten, was Küche und Keller zu bieten haben. Essen und Trinken gilt den Einheimischen als eine Art Religion, als Bekenntnis zu **leiblicher Lebenslust** wie sie schon vor Jahrhunderten auf den weltberühmten Gemälden des Malers Pieter Brueghel zum Ausdruck kam, der lange Zeit in Brüssel lebte: Seine Bilder zeigen riesige Tafeln. Tische, die sich unter der Last der Speisen biegen.

Kiekefretters („Hühnchenfresser") heißen die Bewohner Brüssels im Volksmund. Der Ausdruck erinnert an die Auseinandersetzungen mit einem flandrischen Grafen, der die Stadt einst belagerte. Vorher aber hatten die Brüsseler sich mit **Federvieh** eingedeckt, was ihnen das Durchhalten leichter machte und schließlich auch

EXTRATIPP

Sterneküche in der Straßenbahn

Tram Experience heißt Brüssels außergewöhnlichstes Gastroerlebnis. Hierbei kredenzen ausgesuchte Sterneköche oder weltbekannte Chocolatiers wie Pierre Marcolini in einem ganz in weiß gehaltenen Straßenbahnwaggon regelmäßig ihre Köstlichkeiten. Gewöhnlich startet die Bahn am Place Polelaert zu ihrer rund zweistündigen Genuss-Tour. Champagner, Weine und Mineralwasser sind im Preis für das dreigängige Menü enthalten (89 €).

> www.visitbrussels.be

072br Abb.: gs

den Sieg brachte. Auch heute noch kommt am Wochenende neben Fasan und Gans vor allem Hühnchen auf den Tisch und auch dem **Waterzooi**, dem traditionellen Eintopfgericht der Flamen, geben Hühnerteile inzwischen den letzten Pfiff.

Im Herbst ist auch in Brüssel **Wildzeit**. Dann wird Reh-, Hirsch- und Hasenfleisch aus den Ardennen in den Hauptstadtküchen verarbeitet. **Lapin a la Gueuze** heißt eine der Spezialitäten – in Bier geschmortes Kaninchen, das auch gern mit getrockneten Pflaumen serviert wird.

Fische und Meerestiere gibt es das ganze Jahr, manchmal ganz frisch aus der Nordsee. Für Besucher unübersehbar ist das Angebot an Muscheln, die in allen Varianten angeboten werden – und nicht nur in den mit einem „r" endenden Monaten. Hin und wieder kommen sie als **Moules Parquées** auf den Tisch, als rohe Muscheln, die wie Austern mit Zitrone oder Lauchzwiebelsoße serviert werden. In der Regel gibt es sie aber im Sud oder mit Käse überbacken, fast

immer mit einer großen Portion Fritten. Fast 70 verschiedene Muschelgerichte bietet das kleine Restaurant Le Zinnecke (s. S. 31), das vor allem Einheimische gern aufsuchen.

In der Regel werden **Kartoffeln** zu den meisten Hauptgerichten serviert, in Form von Salzkartoffeln, als Kroketten und gern auch als Püree. **Stoemp** heißt eine der schönsten Varianten, ein mit verschiedensten Gemüsen vermischter Kartoffelbrei, mit dem man Kinder früher dazu gebracht haben soll, Gemüse zu essen.

Chicorée, der auf den weiten Feldern vor der Haustür wächst, ist eine andere Brüsseler Spezialität. Besonders gern kommt er mit Schinken und Käsesoße auf den Tisch. Und gelegentlich findet man auch noch **Innereien** wie Kutteln, Schweinenieren oder Kalbshirn auf den Speisekarten. Allerdings zeigt auch Brüssels Küche den internationalen Trend zur Leichtigkeit. An allen Ecken und Enden schießen Salatbars aus dem Boden in denen man sich am Büffet sein Mittagsmahl selbst zusammenstellt.

Brüssel für Genießer

Eine besondere Brüsseler Spezialität sind **Waffeln** (gaufres). Sie schmecken am besten, wenn sie frisch gebacken und mit leckerer Marmelade oder frischer Sahne gefüllt sind. Auch kleine Kuchen und Zuckertörtchen schätzen die Brüsseler Schleckermäuler. Trotz aller Küchenkunst ist das Speisenangebot auch in Brüssel **globalisiert.** Italienische, französische und griechische Restaurants finden sich ebenso in der Stadt wie Restaurants mit afrikanischer oder asiatischer Küche. Vor allem um den Place Saint-Géry [F6] hat sich ein kleines Chinatown entwickelt.

Für den schnellen Happen empfehlen sich Pita- und Dönerbuden, Pizzastände und Snackstationen. Am liebsten aber machen die Einheimischen und inzwischen auch immer mehr Touristen an einer der zahllosen **Pommesbuden** Halt (s. S. 28), vor denen sich vor allem während der Mittagspausen oft längere Schlangen bilden.

Einen **kulinarischen Wegweiser** zu mehr als 1500 Restaurants liefert das Internetportal www.brussels-gourmet.be.

Vom Frühstück zum Abendessen

Mittags geht man gewöhnlich zwischen 12 und 14 Uhr zum Lunch, abends wird ab 19 Uhr diniert. Dass man auch um Mitternacht oder später ausgiebig speisen kann, versteht sich in einer Millionenstadt fast von selbst. Darüber hinaus bieten Bars, Bistros und Brasserien **fast rund um die Uhr** kleine Mahlzeiten an, zu denen gewöhnlich eine hausgemachte Tagessuppe gehört. Eine Besonderheit sind die sogenannten **Estaminets,** die urigen Brüsseler Tavernen mit meist deftiger Traditionsküche.

Schnitten mit Frischkäse (tartine) haben sie im Angebot oder kleine Käsewürfel, die mit Senf am besten munden. Toast **Kannibaal** ist ebenfalls eine Brüsseler Spezialität, eine Scheibe Brot mit gewürztem Tartar.

Allgemein gilt: Ein **Tagesmenü** ist fast immer preiswerter als ein dreigängiges Menü à la carte. Wer Geld sparen und trotzdem gut essen will, sollte seine Hauptmahlzeiten also auf den Mittag verlegen.

Bier – einmalige Sortenvielfalt

„Mit dem belgischen Bier", warnte ein deutscher Reiseführer anno 1910, „sei man vorsichtig, es hat meist für den Deutschen wenigstens ,durchschlagenden' Erfolg." Dem Reisereporter, der vor einem Jahrhundert mit dem belgischen Bier in Brüssel Bekanntschaft machte und seine Verdauung vor eine echte Belastungsprobe stellte, war vor allem die Sortenvielfalt aufgefallen. Und noch heute bietet keine andere europäische Metropole mehr Biere an.

017br Abb.: gs

Schon die Namen lassen ahnen, wohin es führt, wenn man den Hopfen- und Malzkreationen mehr zuspricht als gewohnt. **Duvel** („Teufel") oder **Mort Subite** („Plötzlicher Tod") sind nur zwei von vielen **Biermarken,** die in Brüssel im Ausschank sind. In der Regel haben die meisten Wirte ein bis drei Dutzend verschiedene Sorten im Angebot, ein Teil davon direkt vom Fass. Manche Gastronomen haben auch mehr als 50 verschiedene Sorten vorrätig, andere sogar mehrere Hundert – und damit beginnt für den Brüsselbesucher die Qual der Wahl.

Während in Deutschland mit dem bis heute gültigen Reinheitsgebot die Freiheiten der Brauerein schon seit Jahrhunderten drastisch eingeschränkt sind, **experimenteren Belgiens Brauer** Jahr für Jahr neu. So haben einige Biere eine zweite Gärung in der Flasche mitgemacht, die wie Champagner mit Korken verschlossen werden. Gern werden die Biere auch mit Früchten wie Kirschen, Himbeeren, Erdbeeren, Pfirsichen oder Johannisbeeren verschnitten, ja sogar mit Bananen, Ananas, Aprikosen, Mirabellen und Zitronen. Wieder andere Biere werden mit Koriander oder anderen Gewürzen angereichert, was ihnen ebenfalls einen individuellen, unverwechselbaren Geschmack verleiht.

Puristen mag es angesichts solcher Zutaten grausen, den **belgischen Bierkult** aber beflügelt das. So gibt es zu den meisten Getränken auch eigene Gläser, große Kelche oder schmale Tulpen, die den Charakter jedes Bieres erst richtig zur Entfaltung bringen. Brüsseler Traditionskneipen kennen gelegentlich auch noch den **Kwak,** ein schmales, an große Laborgläser erinnerndes Trinkgefäß, das in einem hölzernen Ständer mit Griff eingeklemmt ist. Im 17. Jahrhundert, erzählt der Volksmund, hätten die Pferdekut-

☑ *Mittagspause am Kanal – im Sommer sind vor allem Salatbuffets der große Renner*

Gute Fritten wandern zweimal ins Fett

Sie gelten als die besten der Welt, die **belgischen Pommes frites,** *und es soll Menschen geben, die allein deshalb nach Brüssel reisen, weil hier die Meister der „Frittenfertigung" zu Hause sind. Tag für Tag stillen sie den Hunger der Einheimischen und zunehmend auch der Touristen. Jede fünfte Mahlzeit, die die Belgier außer Haus einnehmen, besteht aus Pommes frites, wollen Statistiker herausgefunden haben. Dutzende Soßen, deren Rezepte sorgsam gehütet werden, lassen die Kartoffelstückchen besonders munden, vom Klassiker Mayonnaise bis zu schärfsten Exoten.*

Pommes werden in Belgien häufig nicht nur einmal, sondern **zweimal gebacken,** *dazu braucht man aber besonders gute, rohe Kartoffeln. Die ideale Sorte, auf die viele Frittenmacher schwören, heißt Bintje. In der Regel werden die Kartoffeln in Stäbchen mit zehn bis zwölf Millimetern Kantenbreite geschnitten und bevor sie erstmals in die Fritteuse kommen, nehmen sie meist noch ein Bad im kalten Wasser, das ihnen überschüssige Kartoffelstärke entziehen soll. Für den ersten Frittiervorgang wird das Fett auf 120 bis maximal 140 Grad erhitzt. Beginnen sie an der Oberfläche leicht zu brodeln, nimmt man sie vorsichtig aus dem Fett und lässt sie gründlich abtropfen. Großzügig ausgebreitet, kühlen die Fritten mindestens eine halbe Stunde lang aus, ehe sie erneut in die Fritteuse wandern. In dem mit 180 Grad nun deutlich heißeren Fett lässt man die vorfrittierten Pommes drei bis vier Minuten knusprig werden. Gute Frittenmacher wechseln das Fett in den Fritteusen täglich.*

066br Abb.: es

Traditionell werden die Fritten in Papiertüten, den sogenannten **Cornets,** *serviert, allerdings haben sie von Papp- und Plastikschalen inzwischen Konkurrenz bekommen. Kaum verändert hat sich die Gewohnheit, die Fritten* **mit den Fingern** *zu essen. Wer das nicht mag, greift auf kleine Gabeln zurück, das einzige Essbesteck, das man in den Pommesbuden kennt. Wer seine* **Soße** *separat und nicht direkt über die Fritten gekippt haben will, bestellt am besten „á part", was bedeutet, dass man die Soße in einem separaten Schälchen haben möchte. Unter rund 20 verschiedenen Soßen können sich die Pommes-Fans in Brüssel entscheiden. Andalouse ist würzig und von mildem Tomatengeschmack, Americaine etwas schärfer, ganz scharf sind Samourai oder Pili-Pili. Bernaise ist die traditionelle helle Soße mit etwas Essig, Tartare die mit der typischen Remoulade und wer es extrem sauer mag, bestellt Belgian Pickles, in der sich noch ganze Gemüsestückchen finden.*

Die besten **Pommesbuden** *findet man angeblich vor dem Flagey-Gebäude (s. S. 37) in Ixelles (Frit Flagey), auf dem Square des Vétérans Coloniaux (Chez le Grec), am Place A. van Gehuchten 15 (Friterie Kessner) und dem Place Dumon (Charles).*

scher der Stadt dieses Glas genutzt, um auch bei holprigen Fahrten nicht zu verdursten.

Ausgewiesene Brüsseler Bierspezialitäten sind Lambic und Gueuze, die einzigen belgischen Biere, die von **spontaner Gärung** leben. Dies verdanken sie zwei nur in Brüssel und Umgebung vorkommenden Hefepilzen, „Brettanomycis Lambicus" und „Brettanomycis Brusselensis", die den mehrtägigen Gärungsprozess erst möglich machen. Das **Lambic** lagert in der Regel zwei Jahre in Eichenfässern und schäumt nicht. Eine Variante des Lambic ist das rote Kriek, das nach Kirschen schmeckt. Noch edler ist das **Gueuze**, eine Mischung alter und neuer Lambic-Sorten, die in Flaschen mindestens zwei Jahre kühl gelagert und wie Sekt immer wieder gewendet werden. Das Ergebnis ist ein perlendes Bier, das verkorkt ist und deshalb als der Champagner unter den Bieren gilt. Verschneidet man mehrere alte Lambic-Sorten mit Kandis, entsteht das süßliche Faro, dem Framboise werden wiederum Himbeeren zugesetzt.

Gefertigt werden die Edelsorten unter anderem in der **Brauerei Cantillon** (s. S. 39) in Anderlecht, wo man den Brauern zweimal im Jahr über die Schulter sehen kann. Im zur Brauerei gehörenden Musée de la Gueuze kann man sich auch anhand eines interessanten Films über die Spontangärung des Bieres informieren. Wem der Weg in die Brauerei zu weit ist, der kann sich auch das zentral gelegene **Maison des Brasseurs** (s. S. 40) ansehen. Am Grand' Place ❶ zeigt eine Ausstellung die Geschichte des Durstlöschers und informiert über alte und neue Techniken der Braukunst.

Restaurantkategorien

Preise für ein Menü mit Vorspeise, Hauptgericht und Nachspeise ohne Getränke.

€	bis 20 €
€€	20–50 €
€€€	über 50 €

Restaurants

🍴**44** [C2] Bruneau €€€, Avenue Broustin 73–75, Brüssel-Ganshoren, Tel. 02 4217070, www.bruneau.be, Do.–Mo. 12–14 u. 19–22 Uhr. Mit einem Michelin-Stern gekrönt, mittags mit relativ preiswertem Lunch. Reservierung vor allem abends empfohlen!

🍴**45** [G7] **Et Qui Va Ramener Le Chien?** €–€€, Rue de Rollebeek 2, Tel. 02 5032304, Di.–So. 12–14.30 u. Di.–Sa. 18–22.30 Uhr (Okt.–März Mo. geschl.). Omas belgische Küche pflegt man hier – und wie der Name schon sagt – Hunde sind besonders willkommen. Schöne Außenterrasse und preiswerter Mittagstisch.

🍴**46** [F8] **La Brocante** €, Rue Blaes 170, Tel. 02 5121343, tgl. 6–19 Uhr. Frühaufsteher vom Trödelmarkt gegenüber trinken hier schon morgens ihr Bier. In der typischen Volkskneipe kommen Spezialitäten wie Toast Kannibaal oder „Breughel-Kopf" (Tête de Brueghel) auf den Tisch, eine Terrine aus Kalbs- und Schweinefleisch.

🍴**47** [G6] **Le Cirio** €–€€, Rue de la Bourse 18, Tel. 02 5121395, tgl. 10–24 Uhr. Typische Brüsseler Brasserie mit sehenswertem Jugendstilambiente. Spezialität ist Half/Half („Halb/Halb"), ein Wein- und Champagnermix.

🍴**48** [G7] **L'Ecailler du Palais Royal** €€€, Rue Bodenbroek 18, Tel. 02 5128751, www.lecaillerdupalaisroyal.be, Mo.–Sa.

Antoine Pinto – Gastrodesigner von Weltrang

Seinen Werken begegnet man überall in Brüssel: in Restaurants, Bars, Tanzlokalen, Brasserien, Hotels und Museumscafés. Ihnen allen hat der Stardesigner seinen Stempel aufgedrückt.

Als 17-Jähriger kam Pinto mit seinen Eltern aus Portugal nach Brüssel, wo er an der Akademie der Schönen Künste **Innenarchitektur** *studierte. Sein Studium finanzierte er sich als* **Koch** *in verschiedenen Restaurants. 1976 eröffnete er sein erstes eigenes Restaurant, dessen Küche schnell internationale Beachtung fand. Noch mehr Lob fanden seine* **architektonischen Innenraumgestaltungen,** *denen Brüssel inzwischen das weltstädtische Flair verdankt, das viele in der Stadt lange Zeit vermissten. Viele gastronomische Einrichtungen möbelte Pinto in den letzten Jahren auf und schaffte damit die Hotspots, die heute Ziel internationaler Citybummler sind. Zu seinen schönsten Kreationen gehören die ehemalige Eisenwarenhandlung La Quincaillerie, heute eine der ersten Gourmetadressen im Stadtteil Ixelles, die Brasserie Belga Queen (Rue Fossé aux Loups 32), die MuseumBrasserie neben den Museen der schönen Künste und das dortige MuseumCafé (s. S. 32), der Gastrotempel Midi Station gegenüber dem Bahnhof Midi (Foto unten) sowie die Crystal Lounge im neuen Sofitel-Hotel (Avenue de la Toison d`Or 40) am Eingang der Louise Gallery.*

❯ *www.pintoandco.be.*

018br Abb.:

12–14.30 und 19–22.30 Uhr. Kulinarische Institution mit feinsten Fischgerichten am Place du Sablon (s. S. 80).

49 [F9] **Le Jugurtha** €–€€, Rue de Moscou 34, Tel. 02 5382367, www.lejugurtha.com, Fr.–Di. 12–14.30 Uhr, Do.–Di. 18–23 Uhr. Nordafrikanische Spezialitäten im Stadtteil Saint-Gilles, Couscous in allen Variationen, preiswerter Mittagslunch.

50 [G7] **Les Brigittines** €€, Place de la Chapelle 5, Tel. 02 5126891, Mo.–Fr. 12–14.30 u. Mo.–Sa. 19–22 Uhr. Typisch Brüsseler Restaurant im Jugendstil-Ambiente, das neben Innereien auch immer frischen Fisch serviert. Für alle, die ein bisschen Brüssel von einst mit der Küche von heute schnuppern wollen!

51 [G6] **L'Ogenblik** €€–€€€, Galerie des Princes 1, Tel. 02 5116151, www.ogenblik.be, Mo.–Sa. 12–14.30, 19–24 Uhr. Viel gelobtes Lokal mit nur wenigen Plätzen in den Königlichen Galerien. Menüs vom Feinsten samt Aperitif und Kaffee.

52 [H10] **Odette en Ville** €€–€€€, Rue du Chatelain 25, Tel. 02 6402626, www.chez-odette.com, tgl. 12–14.30 u. 19–23 Uhr. Internationale Küche in stilvollem Rahmen. Im Sommer schöne Terrasse, geschätzt auch als Frühstücks-Location.

53 [E6] **Restaurant La Manufacture** €–€€, Rue Notre Dame du Sommeil 12, Tel. 02 5022525, www.lamanufacture.be, Mo.–Fr. 12–14 und 19–23, Sa. 19–24 Uhr. Einmaliges Ambiente in einer ehemaligen Lederfabrik, im Sommer mit schönem Innenhof. Klassiker bestimmen die Karte. Täglich wechselnder Lunch mit Vorspeise und Kaffee um 16 €.

54 [L4] **Restaurant Le Zinneke** €€, Place de la Patrie 26, Tel. 02 2450322, www.lezinneke.be, Di.–Fr., So. 12–14 und Di.–Sa. 18–22 Uhr. Muschelparadies im Stadtteil Schaerbeek (s. S. 84).

55 [G6] **Sea Grill** €€€, Rue du Fossé-aux-Loups, www.seagrill.be, Tel. 02 2120800, Mo.–Fr. 12–14 und 19–22 Uhr. Brüssels erste Adresse für Seafood. Das mit zwei Michelin-Sternen dekorierte Restaurant besticht nicht nur mit ausgefallenen Menüs, sondern auch mit ausgezeichnetem Service. Elegante Freizeitkleidung ist hier angesagt.

56 [G6] **The Dominican Grand Lounge** €€€, tgl. 11–22.30 Uhr. Im Sommer lädt der große Innenhof des Hotels The Dominican (s. S. 113) zu Lunch und Dinner. Internationale Küche vom Kabeljaufilet bis zur Lammhaxe. Auch drinnen sitzt man wunderschön – zum Beispiel vor oder nach der Oper, die fast gegenüber liegt.

Für den kleinen Hunger und Geldbeutel

57 [H5] **Brasserie Horta** €, Rue des Sables, www.brasseriehorta.be, Tel. 0495800805, Di.–So. 12–15 Uhr. Jugendstilambiente im Comic-Museum. An einfachen Holztischen munden frische Säfte oder Kaffee. Komplette Tagesmenüs mit Suppe, Hauptgericht und Dessert ab 12,95 €.

58 [H10] **El Vasco** €, Rue du Page 34, Tel. 02 5389899, Mo.–Fr. 11–15 u. 17–21 Uhr, Sa. 12–20 Uhr. Spanisch-baskische Kneipe mit guten Sandwiches und bestem Schinken und Käse.

59 [F3] **K-NAL** €, Avenue du Port 1, Tel. 02 3748738, www.k-nal.be. Mo.–Fr. 12–14.30 Uhr. Im Sommer beliebte Selbstbedienungssalatbar am Kanal mit großer Außenterrasse. Im Angebot sind aber auch leckere Lasagnen und Suppen.

60 [F6] **Les Halles Saint-Géry Caféteria** €, Place Saint-Géry 23, Tel. 02 5024424, www.hallessaintgery.be, tgl. 10–23 Uhr. Eine Mischung aus Brasserie und Café im wunderschönen Ambiente einer alten Markthalle.

Brüssel für Genießer

Essen mit Aussicht

🍴**68** [H7] **Le Restaurant du MIM** €, Rue Montagne de la Cour 2, Tel. 02 5029508, www.restomim.com, Di.–So. 10–16.30 Uhr. Hoch über den Dächern der Stadt speist man im Jugendstilambiente des Musikinstrumentenmuseums, im Sommer auch auf einer Außenterrasse. Deftige belgische Küche, aber auch Kaffee und Kuchen. Ein uralter Aufzug bringt die Hungrigen in den 6. Stock.

Für den späten Hunger

🍴**69** [G6] **Fritland** €, Rue Henri Maus 49, Tel. 02 5140627, So.–Do. 11–1, Fr.–Sa. 11–7 Uhr. Die Imbissbude für alle Nachtschwärmer im Herzen der Stadt. Pommes satt mit vielen Soßen.

🍴**70** [H10] **La Quincaillerie** €€, Rue du Page 45, www.quincaillerie.be, Tel. 02 55339833, täglich 19–24, Mo.–Sa. auch 12–14.30 Uhr. In der ehemaligen Eisenwarenhandlung speist man auch um Mitternacht noch vornehm: Fisch und Fleisch, vor allem aber frische Austern.

Lecker vegetarisch

🍴**71** [I9] **Dolma** €, Chaussée d'Ixelles 329, Tel. 02 6498981, www.dolma.be, Di.–Sa. 12–14, 19–21.30 Uhr. Restaurant mit täglich wechselnden, frischen Gerichten. Verwendet werden nur organische Produkte.

🍴**72** [G7] **Soul Resto** €€, Rue de la Samaritaine 23, Tel. 02 5135213, www.soulresto.com, Mi.–Sa. 19–22, So. 19–21 Uhr. Jede Woche kreiert man hier aus feinsten Naturprodukten ein vegetarisches Menü. Zu den Favoriten zählen Nudeln oder Falafel. Für Nichtvegetarier gibt es zudem ausgesuchte Fleisch- und Fischgerichte.

🍴**61** [F7] **L'Ocean** €, Avenue de Stalingrad 94, So.–Do. 11–1, Fr. 15.30–1 Uhr. Kleines Fischlokal im Marokkanerviertel nahe dem Südbahnhof. Frisch, preiswert und gut, einfachstes Ambiente.

🍴**62** [H7] **MuseumCafé** €, Rue de la Regence 3, www.museumfood.be, Tel. 02 5083580, Di.–So. 10–17 Uhr. Selbstbedienungscafé/-bistro in den Königlichen Museen der schönen Künste, preisgünstige Snacks und Lunch, internationales Publikum.

🍴**63** [I9] **Oups** €, Rue Lesbrousart 13, Tel. 02 6468841, www.oups.be, Mo.–Fr. 9–17 Uhr. Kleine Suppenbar mit selbst gemachten Suppen und Broten, Außenterrasse.

🍴**64** [F5] **Fishbar De Noordzee – Poissonnerie La Mer du Nord** €, Rue Saint-Catherine 45, Tel. 02 5131192, www.vishandelnoordzee.be, Di.–Do. 11–17, Fr./Sa. 11–18, So. 11–20 Uhr. Die Stehtische des Fischhändlers sind vor allem mittags gefragt (s. S. 70).

Cafés

🍴**65** [J10] **Café Belga** , Place E. Flagey 18, Tel. 02 6403508, www.cafebelga.be, So.–Do. 8–2, Fr./Sa. 8–3 Uhr. Szenetreff im Stadtteil Ixelles. Kneipe/Café mit gutem Preis-Leistungs-Verhältnis. Internationales Publikum und großes Angebot an Zeitungen, auch deutsche.

🍴**66** [F5] **Frederic Blondeel**, Quai aux Briques 24, www.frederic-blondeel.be, Tel. 02 5022131, So.–Fr. 13–18.15 Uhr, Sa. 10.30–18.15. Uhr. Im Flaggschiffgeschäft des Chocolatiers am Fischmarkt kann man bei Kaffee oder Tee die Schoko-Leckereien gleich kosten. Im Sommer hausgemachtes Eis.

🍴**67** [G6] **Maison Corica**, Rue du Marché aux Poulet 49, Tel. 02 5118852, www.corica.be, Mo.–Fr. 8–18, Sa. 10–18 Uhr. Viel gelobte Kaffeebar, wo die Bohnen auch selbst geröstet werden. Für alle Freunde arabischen Kaffeegenusses.

○73 [G6] **Planète Chocolat**, Rue du Lombard 24, www.planetechocolat.be, Tel. 02–5110755, Mo.–Sa. 10–18.30, So. 11–18.30 Uhr. Experimentelles Schokogeschäft, das auch heiße Trinkschokolade, Kuchen und selbstgemachtes Eis offeriert – sommers auf eigener Terrasse.

○74 [G7] **Wittamer** , Place du Grand Sablon 6, www.wittamer.com, Tel. 02 5123742, Di.–So. 9–18 Uhr. Café mit großer Außenterrasse, beliebter Touristentreff. Neben selbstgemachten Torten und Kuchen werden auch Pralinen angeboten!

Brüssel am Abend

Langeweile kommt in Brüssel nie auf, denn abends locken eine Handvoll renommierter Theater, ein riesiges Kinozentrum im Bruparck ⑩ *, ein Spielkasino, Kunst- und Kulturzentren wie Flagey oder BOZAR und zahllose Discos, Kleinkunstkeller, Nachtbars und sonstige Szenetreffs. So lassen sich leicht die Nächte um die Ohren schlagen.*

Die traditionellen **Ausgehtage** sind Donnerstag, vor allem aber natürlich Freitag und Samstag. Viele Klubs haben nur dann geöffnet und wie überall in Weltstädten geht auch in Brüssel die Post erst so richtig **nach Mitternacht** ab, wenn die Eintrittspreise in den Szenelokalen der Nachtschwärmer steigen. Partyzentren sind die Gegend um den **Grand' Place** ❶ , wo es allerdings oft recht feucht-fröhlich-derb zugeht, und die Straßen um den **Place Saint-Géry** [F6]. Citybummler sind abends auch in den Stadtteilen **Saint-Gilles** oder **Ixelles** gut aufgehoben. Weitere Informationen über das belgische Nachtleben – auch das von Brüssel – erhält man auf der Website www.noctis.com (englisch und französisch).

Besonders groß ist das **kulturelle Angebot** in Brüssel. Bedingt durch die Zweisprachigkeit der Großregion und die vielen internationalen Gäste gibt es fast jeden Abend **Theateraufführungen** oder andere Programme in flämischer, englischer und französischer Sprache, dazu **Konzerte** von Klassik bis Pop. Umfangreich sind auch die Theatergastspiele, machen doch alle großen Bühnen ebenso wie kleine Experimentiertheater in Brüssel Station. Außerdem gibt es **zwei nationale Theaterbühnen**, die Koninklijke Vlaamse Schouwburg und das Französische Nationaltheater. Die großen Bühnen wie das Theatre Royal de la Monnaie (s. S. 37) oder das KAAI-Theater (s. S. 37) erlauben es Brüsselbesuchern zudem, Eintrittskarten schon im Voraus zu buchen und die Tickets zu Hause auszudrucken.

Gastro- und Nightlife-Areale
Bläulich hervorgehobene Bereiche in den Karten kennzeichnen Gebiete mit einem dichten Angebot an Restaurants, Bars, Klubs, Discos etc.

Brüsseler Traditionskneipen

75 [G6] **A La Mort Subite,** Rue Montagne-aux-Herbes Potageres 7, Tel. 02 5131318, www.alamortsubite.com, Mo.–Sa. 11–1 Uhr, So. 12–24 Uhr. Ein Bierparadies mit großer Auswahl und Brüsseler Kneipeninstitution. Testen Sie das hauseigene Bier „A La Mort Subite", dem die Kneipe ihren Namen verdankt.

76 [F10] **Moeder Lambic Original,** Rue de Savoie 68, Tel. 02 5441699, www.moederlambic.com, tgl. 16–3 Uhr. Kneipeninstitution im Stadtteil Saint-Gilles mit reichlich Bier: viele Dutzend Sorten vom Fass und Hunderte in der Flasche.

77 [I4] **De Ultieme Hallucinatie,** Rue Royal 316, Tel. 02 2170614, www.ultiemehallucinatie.be, Mo.–Fr. 11–23, Sa. 18–23 Uhr. Eine Perle des Jugendstils mit typisch belgischen Gerichten und zahllosen Bieren lockt nach gründlicher Renovierung wieder die Genießer.

78 [G6] **Delirium Café** , Impasse de la Fidélité 4 A, Tel. 02 5144434, www.deliriumcafe.be, Mo.–So. 10–4, So. 10–2 Uhr. Nur einen Steinwurf vom Grand' Place entfernt liegt Brüssels Bierparadies, ein riesiger Pub mit vielen Hundert Bieren und 25 Genever-Sorten im Angebot, viele vom Fass. Manchmal Livemusik.

79 [F6] **Greenwich,** Rue des Chartreux 7, www.greenwich-cafe.be, Tel. 02 5114167, Mo.–Do. 10–1, Fr.–Sa. 10–2 Uhr. Neu gestylte Lieblingstaverne des Malers René Magritte. Jugendstilambiente, in dem noch heute gern relaxt wird.

073br Abb.: gs

⊘80 [G7] **La Fleur en Papier Doré,** Rue des Alexiens 53–55, Tel. 02 5111659, www.lafleurenpapierdore.be, Di.–Sa. 11–24 Uhr, So. bis 19 Uhr (Küche bis 22 Uhr, sonntags bis 16 Uhr). Brüsseler Kneipeninstitution und ehemaliger Treff der Surrealisten. Magritte organisierte hier seine erste Ausstellung. Auch heute dient die Kneipe noch als Veranstaltungsort für Lesungen oder Kleinkunstaktionen.

⊘81 [I8] **L'Ultime Atome,** Rue Saint-Boniface 14, www.ultimeatome.be, Tel. 02 5111367, Mo.–Fr. 8.30–1, Sa./So. 10–1 Uhr. Szenetreff der Junggebliebenen im „Afrikaviertel" Matonge, internationales Publikum. Große Auswahl an belgischen Bieren und Milchmixgetränken.

⊘82 [F6] **Poechenellekelder,** Rue du Chene 5, www.poechenellekelder.be, Tel. 02 5119262, Di.–So. 11–1 Uhr. Urige Kneipe mit kitschig-schöner Innendekoration, im Sommer mit Außenterrasse. Große Auswahl von Bieren. Im Angebot auch Brüsseler Spezialitäten wie *Fromage Frais:* Frischkäse mit Zwiebeln und Radieschen.

Bars

⊘83 [F8] **Le Marseillais du Jeu du Balle,** Rue Blaes 163, Tel. 02 5030083, So.–Do. 10–22, Fr.–Sa. 10–1 Uhr. Kleine Bar in den Marollen, oft Livemusik. Große Auswahl an Bieren und fast 30 Sorten Pastis

⊘84 [G6] **Scott's Cafe-Bar,** Rue Montagne aux Herbes Potageres 2, Tel. 02 2199448, www.scottsbar.be, Di.–Do. 10–2, Fr. 10–3, Sa. 12–3, So. 12–1 Uhr. Bier satt, dazu Mojitos, Mai Tais, Martinis und Whisky aller Provenienz.

◁ *Im Delirium reicht ein Abend nicht, um sich durch das Bierangebot zu probieren*

⊘85 [F5] **Via, Via Brüssel,** Quai a la Houille 9, www.viaviacafe.com, Di.–Fr. 11.30–1, Sa. 11.30–4, So. 14–1 Uhr. Kleine Cafébar für Globetrotter, manchmal spielen Livebands.

Kasino

●86 [G5] **Grand Casino Brussels,** Boulevard Anspach 30, Tel. 02 3000100, www.viage.be, So.–Do. 12–4, Fr./Sa. 12–5 Uhr. Belgiens größtes Casino wartet mit fast 400 Slotmaschinen, 34 Spieltischen, einem Pokerzimmer und weiteren Unterhaltungsangeboten auf. Dresscode: Smart Casual.

Klubs, Discos & Co.

⊘87 [F6] **Beursschouwburg,** Rue Auguste Orts 20–28, Tel. 02 5500350, www.beursschouwburg.be. Kulturzentrum schräg gegenüber der Börse. Meist junges Publikum der Alternativszene, Ausstellungen, am Wochenende Disco bis zum Morgengrauen.

⊘88 [K5] **Jazz Station,** Chaussée de Louvain 193 A, www.jazzstation.be, Tel. 02 7331378, Mi.–Sa.11–19 Uhr und an Konzerttagen. Jazzklub in einer renovierten Eisenbahnstation.

Smoker's Guide

Wie in den meisten europäischen Ländern ist auch in Belgien das Rauchen an öffentlich zugänglichen Plätzen verboten. Einige wenige Klubs und Lokale wie das Belga (s. S. 32, Öffnungszeiten der Cigar-Lounge Mo.–Sa. ab 19 Uhr) oder die Royal Brasserie Brussels (Rue du Flandre 103) haben allerdings noch eigens ausgewiesene Raucher-Paradiese.

021br Abb.: tp

89 [F8] **Le Fuse,** Rue Blaes 208, Tel. 02 5119789, www.fuse.be, Sa. 23–7 Uhr. Angesagter Wochenendtreff der Jugend. In einem alten Kino legen Top-DJs Techno und House auf, öfter auch Livemusik.

90 [G7] **Recyclart,** Rue des Ursulines 25, Tel. 02 5025734, www.recyclart.be, Di.–Fr. 11–17 Uhr. Kulturlocation in einem ehemaligen Bahnhof in der Innenstadt. Partys, Ausstellungen und Konzerte, kulturelles Crossover, Punk und Electroclash, junges und alternatives Publikum.

91 [I8] **Sounds Jazz Club,** Rue de la Tulipe 28, www.soundsjazzclub.be, Tel. 02 5129250, Mo.–Sa. 20–4 Uhr. Erste Adresse für Jazzfreunde und einer der beliebtesten Klubs im Stadtteil Ixelles. Fast täglich wird hier Livemusik geboten, vor allem am Montag und Mittwoch.

92 [H8] **Spirito Bar,** Rue de Stassart 18, Tel. 483580697, www.spiritobrussels. com, Do.–Sa. 23–5 Uhr, Eintritt ab 10 €. Populärer Klub in einer ehemaligen anglikanischen Kirche in Ixelles. Hier feiern die Reichen und Schönen oder die sich dafür halten. Die Türsteher achten auf den Dresscode!

93 [H7] **The Flat,** Rue de la Reinette, www.theflat.be, Tel. 0495 903203, Mi.–So. 18–3 Uhr. Szenelokal, das ganz wie eine normale Wohnung eingerichtet ist. Unten Bar und Tanzfläche, oben Zimmer mit Betten und Sofas – etwas für die Jugend!

94 [G6] **The Music Village,** Rue des Pierres 50, www.themusicvillage.com, Tel. 02 5131345, Mo.–Sa. ab 19 Uhr. Jazzklub unweit des Grand' Place, fast täglich Livekonzerte.

95 [G6] **Le You,** Rue Duquesnoy, Tel. 02 6391400, www.leyou.be, Do.–Sa. 23.30–6 Uhr. Bunter House-Klub im Herzen der Stadt, freitags auch Schwulen-Treff.

Nachtbusse
Nachtschwärmer sollten wissen, dass freitags und samstags einige Busse bis 3 Uhr morgens verkehren. Die **Nachthaltestellen** sind mit der Aufschrift „Noctis" gekennzeichnet.

Theater und Konzerthallen

⟳**96** [F6] **Ancienne Belgique**, Boulevard Anspach 114, Tel. 02 5482484, www.abconcerts.be. Drei Konzerthallen sind der Kern des Klubs, der fast täglich Livemusik bietet. Für Sparfüchse gibt es stark verbilligte Last-Minute-Tickets direkt an der Abendkasse.

⟳**97** [J10] **Flagey**, Place Sainte-Croix, Tel. 02 6411020, www.flagey.be. Jazz, Klassik und Weltmusik sind in Ixelles zu Hause. Die Akustik des ehemaligen Rundfunksaals wird weltweit geschätzt.

⟳**98** [G5] **Französisches Nationaltheater** (Théâtre National de la Communauté Française), Boulevard Emile Jacqmain 111–115, www.theatrenational.be, Tel. 02 035303. Auf dem Programm stehen klassische und moderne Stücke, vor allem aber auch viele internationale Gastspiele.

⟳**99** [F4] **Kaaitheater**, Square de Sainctelette 20, www.kaaitheater.be, Tel. 02 2015959. Theater, Tanz, Film und moderne Performance, viele Gastspiele.

⟳**100** [G4] **Koninklijke Vlaamse Schouwburg**, Quai aux Pierres de Taille 9, Tel. 02 2101112, www.kvs.be. Viel gelobte Theateraufführungen hinter restaurierter Renaissancefassade, teilweise auch in englischer Sprache.

⟳**101** [I5] **Le Botanique**, Rue Royale 236, Tel. 02 2183732, www.botanique.be. Filme, Konzerte und Ausstellungen. Das Kulturzentrum in Brüssels Osten ist vor allem auch Hort von Folkpop und elektronischer Rockmusik.

⟳**102** [I4] **Les Halles de Schaerbeek**, Rue Royale Ste.-Marie 22 B, Tel. 02 2182107, www.halles.be. Populäres Kulturzentrum der französischen Gemeinschaft in einer alten Großmarkthalle im Stadtteil Schaerbeek.

15 [H7] **Palais des Beaux-Arts** (**BOZAR**). Der „Palast der schönen Künste" in der Stadtmitte ist ein Kunstzentrum mit großem Angebot und eine der ersten Kulturadressen Brüssels.

⟳**103** [G5] **Théâtre Royal de la Monnaie**, Place de la Monnaie, Tickets: Tel. 02 2291211, www.lamonnaie.be. Anspruchsvolles und künstlerisch wertvolles Theater (Schauspiel, Oper, Ballett, Konzerte), meist ausverkauft, Maurice Bejart rückte es mit seinen Ballettinszenierungen in den Fokus der Weltöffentlichkeit.

⟳**104** [G6] **Théâtre de Toone**, Rue Marché-aux-Herbes 66, Tel.02 5117137, www.toone.be, Tickets: 12 €. Weltbekanntes Marionettentheater, das im 19. Jahrhundert gegründet wurde (s. S. 68).

Last-Minute-Tickets
Warum viel Geld ausgeben, wenn es auch anders geht? Die Agentur Arsene 50 vertreibt täglich Last-Minute-Tickets zum halben Preis, Eintrittskarten für Konzerte und Veranstaltungen aller Art. Die Karten gibt es am Tag der Aufführung dienstags bis samstags von 12.30 bis 17.30 Uhr im Fremdenverkehrsbüro in der Rue Royal (s. S. 103).
❯ www.arsene50.be

◁ *Auch am Abend ist Brüssel immer einen Bummel wert*

Brüssel für Kunst- und Museumsfreunde

In der belgischen Hauptstadt werden Kunst und Kultur großgeschrieben. Mehr als hundert Museen und Galerien besitzt die Stadt und man könnte Wochen, ja sogar Monate in den vielen Kulturtempeln und Sammlungen verbringen, die fast für jeden etwas bieten. In den Königlichen Museen der schönen Künste ⑱ kommen alle Freunde der Malerei besonders auf ihre Kosten. Hier reicht die Bandbreite von den großen flämischen Malern des Mittelalters wie Brueghel oder van Dyck bis zu den Künstlern der Moderne wie René Magritte. Seit 2014 gibt es mit dem neuen Museum Fin de Siecle sogar einen neuen Ausstellungsbereich, der ganz der Kunst zwischen 1865 und dem Ersten Weltkrieg gewidmet ist.

Bestens aufgehoben sind in Brüssel auch alle Freunde von **Comics.** Für sie gibt es nicht nur ein eigenes Museum ⑬, sondern auch zahlreiche mit Comicfiguren geschmückte Hauswände und Metrostationen. So kann man auf einem eigens ausgewiesenen **Rundweg,** Belgiens schönste Graffiti kennenlernen.

Zu den modernsten Brüsseler Museen zählt das **Parlamentarium** ㉚, das im Europäischen Parlament das Bewusstsein für ein gemeinsames Europa schärfen soll – ein interaktives und technisch hochgerüstetes Museum, das vor allem bei jungen Leuten Verständnis für politische Zusammenhänge weckt.

Nur einen Steinwurf vom Europaparlament findet sich im **Naturwissenschaftlichen Museum** ㉛ neben einer beachtlichen Saurier-Schau eine hochinteressante Dauerausstellung zur Evolution, ein einmaliger, zum Teil interaktiver Streifzug durch die Erdgeschichte. Musikfans sind im **Musikinstrumentenmuseum** ⑯ bestens aufgehoben, Kinoenthusiasten in dem zur **CINEMATEK** (s. S. 40) aufgemöbelten ehemaligen Kinomuseum, das täglich ausgewählte alte Filme – zum Teil noch aus Stummfilmzeiten – präsentiert. Neben den großen **Kunstsammlungen** gibt es Dutzende von **kleineren Museen:** Ausstellungen zur Geschichte des Bieres oder der Schokolade, Sammlungen von alten Straßenbahnen und Bussen, Spielzeug oder Banknoten.

EXTRATIPP

Tipps für den Museumsbesuch

❯ Bis auf ein paar Feiertage und häufig auch montags sind die wichtigsten Museen immer geöffnet. Während der Oster-, Pfingst- und Sommerferien sowie am Wochenende können Besucherattraktionen wie das Atomium überlaufen sein und man muss mit Wartezeiten rechnen. Allerdings bieten inzwischen immer mehr Museen die Möglichkeit, sich schon von zu Hause aus **per Internet** Eintrittskarten zu besorgen.

❯ Mit der **Brussels Card** hat man freien Eintritt in rund 30 Museen der Stadt und kann kostenlos den ÖPNV nutzen (s. S. 102 und www.brusselscard.be).

❯ Viele Museen gewähren am ersten Mittwochnachmittag im Monat **freien Eintritt.**

❯ Bei der Planung der Museumsbesuche hilft der **gemeinsame Internet-Auftritt der Brüsseler Museen** (www.brusselsmuseums.be). Er informiert, welche Ausstellungen und Kunstaktionen aktuell laufen, wo es eigens Angebote für Kinder gibt und wie behindertengerecht die Häuser eingerichtet sind.

067br Abb.: gs

Kunstfreunde sollten auch in der **Metro** ihre Augen offen halten. In vielen Bahnstationen finden sich bunte Kachelteppiche, Holzfiguren, riesige Malereien oder funkelnde Spiegelpaneele. So schuf der Surrealist Paul Delvaux, bekannt für seine Traumbilder nackter Schönheiten, für die Station Beurs eine Straßenszene mit einer alten Straßenbahn und Hergés Comic-Helden Tim und Struppi begegnet man in Stokkel.

Museen

🚇**105** [F8] **Art & Marges,** Rue Haute 312–314, Tel. 02 5339490, www.artetmarges.be, Di.–So. 11–18 Uhr. Eintritt 4 €. Der Kunst von Außenseitern hat man sich in dieser Galerie verschrieben, Bildern und Objekten von Drogenabhängigen und Geisteskranken zum Beispiel.

⬜ *Nicht nur im Comiczentrum* **13***, im Moof (s. S. 40) und im Musée Herge* **45***, sondern in ganz Brüssel trifft man auf die Helden seiner Jugendzeit*

Museen, die mit einer magentafarbenen Nummer (**27**) als Hauptsehenswürdigkeit ausgewiesen sind, werden im Kapitel „Brüssel entdecken" ausführlich beschrieben. Dort finden sich alle praktischen Informationen wie Adresse, Öffnungszeiten usw.

27 [L7] **Autoworld.** Belgiens größte Oldtimer-Ausstellung!

🚇**106** [D7] **Musée de la Geuze (Brauerei Cantillon),** Rue Gheude 56, Anderlecht, Tel. 02 5214928, www.cantillon.be. Mo.–Fr. 9–17, Sa. 10–17 Uhr, Eintritt 6 €. Das kleine Museum informiert über Tradition und Herstellung der bekanntesten Brüsseler Biere. Im Frühjahr und Herbst kann man den Braumeistern direkt bei der Arbeit zusehen.

13 [H5] **Centre belge de la Bande Dessinée (Belgisches Comiczentrum).** Der Treffpunkt für alle Freunde bunter Bildergeschichten in einem der schönsten Jugendstilbauten Belgiens

🚇**107** [I6] **Charlier Museum – Musée Charlier,** Avenue des Arts 16, Tel. 02 2202691, www.charliermuseum.be, Mo.–Do. 12–17, Fr. 10–13 Uhr, Eintritt

5 €. Belgische Malerei aus der letzten Hälfte des 19. Jahrhunderts, aber auch Möbel, Wandteppiche und Porzellan.

🏛**108 Chinesischer Pavillon, Japanischer Turm und Museum für Japanische Kunst,** Avenue van Praet 44, Tel. 02 2681608, www.kmkg-mrah.be. Der chinesische Pavillon, Anfang vorigen Jahrhunderts im königlichen Auftrag errichtet, birgt eine stattliche Sammlung chinesischer Keramik. Im benachbarten Museum für japanische Kunst dominiert Kunsthandwerk. Wegen **Renovierung** sind die Anlagen allerdings bis weit ins Jahr 2014 geschlossen!

🏛**109** [H7] **CINEMATEK,** Rue Baron Horta 9, Tel. 02 5511919, www.cinematek. be. Das Museum öffnet immer eine halbe Stunde vor den nachmittäglichen Filmvorführungen, Eintritt 4 €. Im Lesesaal (Mo./Mi. 9.30–17, Fr. 9.30–13 Uhr) finden sich Tausende von Büchern, Zeitschriften und Plakate und viele Hunderttausend archivierte Fotografien zur Geschichte des Filmes.

🏛**110** [G6] **Edition Jacques Brel**, Place de Vieille Halle aux Blés 11, Tel. 02 5111020, www.jacquesbrel.be, Di.–So. 12–17.30 Uhr (Juli/August auch Mo.), Eintritt 8 €

🏛**111** [A8] **Erasmushaus,** Rue du Chapitre 31, www.erasmushouse.museum, Tel. 02 5211383, Di.–So. 10–18 Uhr, Eintritt 1,25 €. Belgiens ältestes Kommunalmuseum ist Erasmus von Rotterdam gewidmet, der hier eine Zeit lang lebte. Gemälde von Hieronymus Bosch oder Quinten Metsys, alte Bücher und Möbel lassen den Geist des Humanismus spüren. Das Erasmushaus befindet sich in einem Beginenhof mit Garten, einem eindrucksvollen Architekturensemble aus dem Mittelalter.

🏛**112** [H7] **Experience Brussels,** Bip – Rue Royale 2–4, Tel. 02 5636200, www. biponline.be, tgl. 10–18 Uhr, Eintritt frei. Interaktive Schau zur Geschichte der Region, von den Anfängen Brüssels bis zur Hauptstadt Europas.

🏛**113** [G7] **Königliche Bibliothek von Belgien (Albertinum),** Boulevard de l'Empereur 4, Tel. 02 5195311, www. kbr.be, Mo.–Sa. 9–17 Uhr, Tageskarte für die Bibliothek: 2,50 €. Belgiens größte Bibliothek mit mehr als fünf Millionen Bänden bietet auch vier Museen Unterschlupf: einem Druckereimuseum mit Maschinen und Pressen, einem Buchmuseum, einem Literaturmuseum mit vielen Originalmanuskripten und Tonaufnahmen sowie einem Kabinett, das gut 5000 Holz- und Kupferstiche beherbergt.

🏛**114** [G6] **Moof – Museum of Original Figurines,** Rue Marché aux Herbes 116, Tel. 02 2653325, www.moofmuseum. be, Di.–So. 10–18 Uhr. Museum für Comic-Freunde, wo Tim und Struppi in dreidimensionaler Gestalt warten. Zum Haus gehören auch ein Comicladen und eine Cafeteria.

🏛**115** [G6] **Musée de la Ville de Bruxelles (Museum der Stadt Brüssel),** Grand' Place, www.museedelavilledebruxelles. be, Tel. 02 2794350, Di.–So. 10–17 Uhr, Eintritt 4 €. Große Modelle zeigen, wie die Stadt im Mittelalter ausgesehen hat. Gotische Altäre, Skulpturen, Goldschmiedearbeiten, Teppiche und Fayencen zeugen von der Kunstfertigkeit Brüsseler Handwerker. Der Schatz des Museums: mehr als 800 Kostüme des Manneken Pis – unter anderem Trachten aus Guatemala, Österreich und der Dominikanischen Republik, Soldatenuniformen und Karnevalskostüme.

🏛**116** [G6] **Maison des Brasseurs Belges,** Grand' Place 10,www.belgianbrewers. be, Tel. 02 5114987, tgl. 10–17 Uhr (im Winter Sa. u. So. ab 12 Uhr), 5 €. Kleine Bierhistorie im alten Zunfthaus der Brauer

🔴**16** [H7] **Musée des Instruments de Musique (Musikinstrumentenmuseum).** Viele Hundert Instrumente aus aller Herren Länder geben Einblick in die Welt der Klänge, in Rhythmen und Melodien.

31 [J8] **Musée des Sciences Naturelles (Naturwissenschaftliches Museum).** Neben der weltgrößten Dinosaurier-Schau lockt eine spannende Dauerausstellung zur Erdgeschichte.

117 [G6] **Musée du Cacao et du Chocolat,** Rue de la Tête d'Or 9–11, Tel. 02 5142048, www.mucc.be, Di.–So. 10–16.30 Uhr, Eintritt 5,50 €, Kinder unter 12 Jahren 3,50 €. Nicht nur Süßmäuler informieren sich hier über die Geschichte von Kakao und Schokolade!

118 [G6] **Musée du Costume et de la Dentelle,** Rue de la Violette 4–12, Tel. 02 2134450, www.bruxelles.be, Do.–Di. 10–17 Uhr, Eintritt 4 €. Wer sich für Brüsseler Spitze und Mode der Vergangenheit interessiert, ist hier richtig!

45 **Musée Hergé.** Originalzeichnungen, Fotos und andere Objekte aus dem Leben des geistigen Vaters von Tim und Struppi.

35 [G10] **Musée Horta.** Das ehemalige Wohnhaus und Atelier des Architekten Victor Horta gibt besten Einblick in die Welt des Jugendstils.

19 [H7] **Musée Magritte.** Mehr als 200 Werke des großen Brüsseler Künstlers René Magritte unter einem Dach vereint!

119 **Musée Royal de l'Afrique centrale (Königliches Zentralafrikanisches Museum),** Leuvensteenweg 13, Tervueren, www.africamuseum.be Im Vorort Tervueren gibt die weltweit größte Ausstellung über Zentralafrika Einblick in die Vielfalt des schwarzen Kontinents. **Bis 2016 geschlossen!**

29 [L7] **Musée Royal de l'Armée et d'Histoire Militaire (Königliches Museum für Armee- und Militärge-**

schichte). Dokumentation von vielen Hundert Jahren Militärgeschichte

28 [L7] **Musées Royaux d'Art et d'Histoire (Königliche Museen für Kunst und Geschichte).** Von der Frühgeschichte bis zur Neuzeit reicht die Palette der hier präsentierten Kulturzeugnisse aus aller Welt.

18 [H7] **Musées Royaux des Beaux-Arts de Belgique (Königliche Museen der schönen Künste).** Alte und neue Kunst unter einem Dach, Belgiens populärste Kunst- und Gemäldesammlung

120 [H7] **Museum BELvue (Museum der Geschichte Belgiens),** Place des Palais 7, Tel. 070 220492, www.belvue.be, Di.–Fr. 10–17, Sa.–So. 10–18 Uhr, Eintritt 5 € (mit Coudenberg-Palast 8 €). Eindrucksvolle Schau zur Geschichte Belgiens im ehemaligen Hotel Bellevue.

EXTRATIPP

Museumstram
Von April bis Oktober fährt jeden Sonntag um 10 Uhr eine **historische Straßenbahn** aus dem Jahr 1935 kreuz und quer durch die Stadt. (Anmeldung: www.trammuseum brussels.be, Fahrtdauer: 4 Std.)

024br Abb.: gs

▷ *Immer ein Erlebnis: eine Rund-fahrt in einer historischen Tram*

Vom Museum führt ein Zugang zu den Resten des mittelalterlichen Coudenberg-Palasts, der erst Ende letzten Jahrhunderts freigelegt wurde.

🏛 **121 Museum van Buuren,** Avenue Léo Errera 41, www.museumvanbuuren.com, Tel. 02 3434851, Mi.–Mo. 14–17.30 Uhr, Eintritt 10 €. Anspruchsvolle Gemäldesammlung im Art-déco-Gebäude des Ehepaares van Buuren mit Bildern von Pieter Brueghel dem Älteren, van Gogh, James Ensor und anderen Künstlern aus dem 16. bis 20. Jahrhundert. Mindestens genauso interessant wie die Kunstwerke ist die Gesamtausstattung des Hauses samt einmalig schönem Garten.

🏛 **122 [B3] Öffentliche Aquarien von Brüssel,** Avenue E. Bossaert 27, Tel. 02 4140209, www.aquariologie.be, Di.–So. 10–18 Uhr, Eintritt 8 € inkl. Audioguide. Dauerausstellung für Fisch- und Amphibienfreunde im Stadtteil Koekelberg mit fast 50 Terrarien und Aquarien.

🏛 **123 René Magritte Museum,** Rue Esseghem 135, Jette, Tel. 02 4282626, www.magrittemuseum.be, Mi.–So. 10–18 Uhr, 7 €, Metrostation: Belgica

🏛 **124 Straßenbahnmuseum (Musée du Transport urbain bruxellois),** Avenue de Tervueren 364 B, Tel. 02 5153108, www.trammuseumbrussels.be, Apr.–Okt., am Wochenende und feiertags 13–17 Uhr, Eintritt 8 € einschl. Tramfahrt. Alles zur Brüsseler Verkehrsgeschichte, von den ersten Pferdebahnen bis zur heutigen Metro.

🔴 **Wellington Museum.** Museum zu Ehren des Herzogs von Wellington, dem einstigen Schlachtenlenker von Waterloo.

🏛 **125 [C10] Wiels – Zentrum der zeitgenössischen Kunst,** Avenue van Volxem 354, Tel. 02 3400053, www.wiels.org, Mi.–So. 11–18 Uhr, Eintritt 8 €. Modernes Kunstzentrum mit großem Renommee in einer ehemaligen Brauerei. Zur Anlage gehört auch ein gut sortierter Laden mit modernen Kunstbüchern.

Auf den Spuren des malenden Dichters

Zwischen Tisch und Spüle entstanden viele seiner berühmten Werke, zu Hause im Esszimmer in der Rue Esseghem 135 im Brüsseler Vorort Jette. Dort lebte und arbeitete Belgiens berühmtester Surrealist **René Magritte** *(1898-1967) fast 25 Jahre lang im Erdgeschoss eines kleinen Hauses. Gut 800 Gemälde, meinen seine Biografen, seien hier entstanden – millionenteure Bilder inzwischen, die in den größten Museen der Welt hängen.*

Seinen Nachbarn, heißt es in Brüssel, habe er seine Kunst verschwiegen, weil sie ihm oft peinlich war. So gab sich Magritte nach außen wie ein **typischer Kleinbürger,** *der gern mit seinem Spitz ums Haus streifte und zu Hause Filzpantoffeln trug. Als* **Musterzeichner in einer Tapetenfabrik** *verdiente er sich anfangs sein Geld, ebenso wie als* **Plakatmaler** *oder* **Redakteur** *verschiedener Zeitungen und Zeitschriften. 1923 schließlich verkaufte er sein erstes Bild, das Porträt einer Sängerin. 1967 starb Magritte an Krebs. Sein letztes Bild, so heißt es, blieb bis zum Tod seiner Frau Georgette im Jahr 1986 auf der Staffelei stehen.*

Magrittes alte **Wohnung** *in der Rue Esseghem (s. S. 42) kaufte vor ein paar Jahren ein Kunstsammler aus dem benachbarten Antwerpen und richtete sie mit zum Teil originalen Einrichtungsgegenständen als kleines Museum her – als* **Erinnerungsstätte** *an einen der größten Künstler Belgiens.*

Kunstgelehrte aus aller Welt haben sich immer wieder bemüht, das Rätsel Magritte zu entschlüsseln. Als jun-

ger Mann war er zum Studium nach Brüssel gekommen, ehe er Ende der 1920er-Jahre nach Paris ging. Dort lernte er die Bilder de Chiricos kennen – und André Breton, den Verfasser des Manifestes des **Surrealismus.** Künstler wie Arp, Dalí oder Miró zählte er zu seinen Freunden. Doch erst in den 1950er-Jahren wurde er international anerkannt und seine Bilder wurden Bestseller. Kaum kam er jetzt noch nach, Variationen oder Repliken seiner besten, Jahrzehnte vorher entstandenen Meisterwerke zu malen.

Magrittes Werke sind **in ständiger Verwandlung,** was einfache Deutungen erschwert oder gar unmöglich macht und auch **subversiv,** weil sie mit realen und vermeintlichen Wirklichkeiten spielen. „Ceci n'est pas une pipe" („Dies ist keine Pfeife"), schrieb er auf eines seiner berühmtesten Gemälde, mit dem er auf den Unterschied zwischen Dingen und ihrer Darstellung aufmerksam machen wollte. „Können sie meine Pfeife stopfen?", meinte er dazu. „Natürlich nicht! Sie ist nur eine Darstellung. Hätte ich auf mein Bild geschrieben ‚Dies ist eine Pfeife', so hätte ich gelogen. Das Abbild einer Marmeladenschnitte ist ganz gewiss nichts Essbares."

Magrittes Bilder sind so fast immer **voller Überraschungen** - wie der Künstler selbst, der in seinen letzten Lebensjahren mit einem Sportwagen durch Brüssel brauste. Auf seine Weise war er ein Poet der Moderne, der mit seinen Werken den Grundstock für Pop-Art und Konzeptkunst legte. Ein Impressario des Wundersamen, getrieben von einer inneren Unruhe, die er hinter kleinbürgerlicher Fassade vor

der Welt versteckte. Der - so schrieb ein Journalist zur Einweihung des neuen Magritte-Museums - „sein Leben wie einen makabren Scherz inszenierte, damit ihm niemand auf die Spur käme."

Margittes Spuren sind heute aber **nicht nur in den Museen** lebendig. „Der Himmel von Magritte" heißt ein Wandgemälde im Théâtre des Galeries (Galerie des Princes 6), ein anderes erinnert in Brüssels neuem Kongresszentrum Square (Rue du Musée 8) an den großen Sohn der Stadt. Wer will, kann seinen Studienort besuchen, die Kunstakademie in der Rue du Midi, oder die Kirche Sainte-Marie in Schaerbeek, wo er 1922 seine Jugendfreundin Georgette heiratete. Am nächsten aber ist man seinem Wesen in **zwei Brüsseler Kneipen.** Zum Beispiel im Greenwich (s. S. 34) in der Rue des Chartreux, wo er viele Nachmittage beim Schachspiel verbrachte, oder im La Fleur en Papier Doré (s. S. 35), dem einstigen Treffpunkt der Brüsseler Surrealisten, einem noch heute geöffneten Lokal, das inzwischen auch als ein den belgischen Surrealisten gewidmetes Kulturzentrum dient.

Zusätzlich zu einem Besuch in dem Museum im alten Wohnhaus des Künstlers lassen sich viele seiner faszinierenden Werke im modernen Museé Magritte ⑲ bestaunen. Das moderne Museum beherbergt die größte Sammlung seiner Werke: Bilder, Objekte und andere Kunstformen wie Filme. Surrealismus von Weltrang, ohne den - behaupten manche - Pop-Art und andere Kunstformen der Moderne undenkbar wären.

> **René Magritte Museum** (s. S. 42), Jette, www.magrittemuseum.be

Brüssel zum Träumen und Entspannen

Ja, auch Plätze zum Träumen gibt es in Brüssel! Kaum eine andere Stadt Europas hat so viele grüne Ruhezonen, Gärten, Parks und Wälder wie Belgiens Hauptstadt. Offiziell nennt die Stadt mehr als hundert kleine und große öffentliche Parkanlagen ihr Eigen. Statistisch kommen so auf jeden Bürger rund 40 Quadratmeter Grünfläche – mehr als in den meisten Metropolen Europas.

Gleich gegenüber dem Königspalast **20** liegt der **Parc de Bruxelles,** der älteste Park der Stadt. Einst diente er den Herzögen von Brabant als Jagdgehege, heute trennt er den königlichen Palast vom Parlament, weshalb man hier immer wieder einmal einem hochrangigen Politiker auf dem Weg zum Monarchen begegnen kann. Lange Baumalleen bieten im Sommer viel Schatten, den auch die vielen Jogger nutzen, die in den Mittagspausen ihre Runden drehen.

Zu den schönsten Ruhezonen der Stadt, wenn nicht gerade wie im Frühjahr und Sommer Konzerte über die Bühne gehen, gehört der **Botanische Garten** am Boulevard du Jardin Botanique [H5]. Den im ersten Drittel des 19. Jahrhunderts angelegten Park umgeben heute mächtige Büro- und Hotelbauten. Beachtenswert sind die Gewächshäuser, die heute als Kulturzentrum dienen.

Vor den Toren des Europäischen Parlaments liegt der **Parc Léopold,** kein Wunder, dass auch hier man-

cher Abgeordneter kurz ein paar Runden dreht. Jogger und Spaziergänger müssen hier allerdings auch eine kräftige Steigung hinnehmen, die zum Naturwissenschaftlichen Museum ㉛ führt. Der Park wurde im 19. Jahrhundert von einem preußischen Landschaftsarchitekten als Treffpunkt der Brüsseler Society angelegt und entwickelte sich schnell zu einem Vergnügungsviertel mit großem Zoo. Nach Verlegung des Tierparks sponserte der Industrielle Ernest Solvay hier einen noblen Wissenschaftsstandort, von dem noch heute die erhöht im Park gelegene Solvay Bibliothek zeugt. Doch die Zeiten, als man hier auf Männer wie Albert Einstein, Pierre Curie oder Max Planck traf, sind längst vorbei. Heute ist die alte Bibliothek das Hauptquartier der Se-

curity & Defence Agenda, einer 2002 gegründeten internationalen Sicherheitsvereinigung, der rund 4000 Mitglieder aus 126 Staaten angehören.

Viel frische Luft lässt sich auch wenige Fußminuten weiter im **Jubelpark (Parc du Cinquantenaire)** ㉖ tanken. Während sich unter dem Park im Tunnel Tag für Tag die Autos Richtung City stauen, joggen oben im Grünen zur Mittagszeit auch hier die Angestellten aus den umliegenden Büros.

Was den Parisern der Bois de Boulogne ist den Brüsselern der **Bois de la Cambre** am Ende der Avenue Lou-

⌂ Grüne Oase zwischen Wolkenkratzern: Brüssels Botanischer Garten am Boulevard du Jardin Botanique [H5]

025br Abb.: gs

Ruheoasen in der Oberstadt

Wer nach ausführlichem Museumsbummel in der Oberstadt ein wenig Ruhe sucht, ist im kleinen Park gegenüber der Kirche **Notre Dame du Sablon 21** bestens aufgehoben. Die oft schattige Ruheoase wurde 1890 angelegt und ist heute vor allem auch bei Liebespaaren beliebt. Inmitten der von einem Brunnen dominierten Anlage erinnern die Statuen der in Brüssel ermordeten Grafen Egmont und Hoorn an deren Widerstandskampf gegen die Spanier. Am Wegrand finden sich die Statuen weiterer berühmter Männer. Auffallend sind auch Dutzende bronzener Figuren auf dem Außengitter. Sie zeigen Vertreter des Handwerks aus dem 16. Jahrhundert, die man an ihren Werkzeugen erkennt. So trägt der Polsterer eine Garnrolle, der Zimmermann eine Axt und der Schmied einen Hammer. Hinter dem Place du Petite Sablon liegt der **Parc d'Egmont**, auch ihn schmücken kleine Skulpturen.

ise **33**. Eine hügelige Parkanlage mit einem kleinen See – an heißen Sommerwochenenden ein Massentreffpunkt. Gaststätten laden zu Speis und Trank, ansonsten fröhnt man hier dem Müßiggang, bolzt auf den Spielwiesen oder joggt, walkt oder radelt nach Lust und Laune durchs Gelände. Inmitten des 1861 von einem deutschen Architekten konzipierten Parks findet sich die sogenannte Robinson-Insel, auf die ein kleines Elektro-Boot vom späten Frühjahr bis in den Herbst Besucher bringt.

Unmittelbar an den Bois de la Cambre schließt sich der riesige **Forêt de Soignes** an, mit fast 5000 Hektar eine der größten grünen Lungen der Stadt. Einst war der Wald das Jagdrevier der Herzöge von Burgund und Bären und Wölfe streiften hier zwischen den Bäumen herum. Inzwischen haben Buchen die alten Eichen abgelöst und der Wald ist ein gepflegtes Naherholungsgebiet mit mehr als 150 Kilometern Fuß-, Rad- und Reitwegen. Trotz zunehmender Nutzung durch Erholungsuchende gilt der Wald noch immer auch als Heimstatt seltener Pflanzen und Tiere. Seit einigen Jahren sind hier so wie einst im Mittelalter wieder Hirsche zu Hause.

◺ *Die Weiher von Ixelles – begehrte Ruhezone an warmen Tagen*

Am Puls der Stadt

003br Abb.: gs

Das Antlitz der Metropole

Genau betrachtet ist Brüssel ein über Jahrhunderte zusammengewachsenes Konglomerat von Dörfern. Rund 170.000 Einwohner wohnen heute in der alten Kernstadt, die zusammen mit 18 weiteren Gemeinden die Hauptstadtregion bildet. Mehr als einer Million Menschen bietet dieser Ballungsraum inzwischen ein Zuhause, womit er zu den dicht besiedeltsten Regionen Belgiens gehört.

Das verdankt er vor allem der Europäischen Union, in deren Diensten inzwischen rund 50.000 Menschen stehen. Rund 4000 weitere Beschäftigte zählt die NATO, die ebenfalls in Brüssel ihren Sitz hat. Hinzu kommen weitere internationale Institutionen, die Brüssel weltstädtisches Flair verleihen und die Stadt in den letzten Jahren immer attraktiver gemacht haben.

Das Antlitz der Metropole

Wer Brüssel hin und wieder besucht, ist vom schnellen Wandel überrascht. Noch vor Jahren kehrten viele Menschen der Stadt den Rücken und zogen ins Umland. Vielen waren die Wohnungen zu alt oder zu teuer. Inzwischen scheint sich der Trend umzukehren, immer mehr Altbauten werden saniert und neue Wohnungen geschaffen.

Aus dem mittelalterlichen Dorf an der Senne, die heute weitgehend in Kanälen unter der Erde verläuft, ist eine Stadt der Lebensfreude und vor allem auch der Kunst und Kultur geworden, die mit einem stets wachsenden Veranstaltungsreigen Jung und Alt aus aller Welt lockt.

Viele umliegende Dörfer und Städte sind inzwischen unter ihre Fittiche geschlüpft, meist **ohne ihre Eigenständigkeit aufzugeben.** So gehören heute zur Region Brüssel neben der eigentlichen Stadt Brüssel auch die Gemeinden Anderlecht, Auderghem, Berchem-Sainte-Agathe, Etterbeek, Evere, Forest, Ganshoren, Ixelles, Jette, Koekelberg, Molenbeek-Saint-Jean, Saint-Gilles, Saint-Josse-ten-Noode, Schaerbeek, Uccle, Watermael-Boitsfort, Woluwe-Saint-Lambert und Wo-

luwe-Saint-Pierre. Zusammen bilden sie die Region Brüssel-Hauptstadt. **Touristisch relevant** sind neben dem Stadtkern und dem ebenfalls zum Stadtgebiet zählenden Laeken mit dem Königsschloss **38** und den Gewächshäusern (s. S. 92), dem benachbarten Atomium **39** und dem Vergnügungsviertel Bruparck **40** aber nur die Städte Anderlecht, Ixelles, Saint-Gilles und Schaerbeek, letztere vor allem wegen ihrer Jugendstilbauten.

Eigentlich könnte es noch mehr dieser **Prachtbauten** geben, doch wurden viele Häuser in den 1950er- und 1960er-Jahren Opfer der Spitzhacke. Seelenlose Betonbauten traten an ihre Stelle. Ein Wandel, der als „Bruxellisation" von sich reden machte und zum weltweiten Synonym für **rücksichtslose Baupolitik** wurde (s. S. 50).

▷ *Die Metro bringt einen schnell und zuverlässig von A nach B*

◁ *Vorseite: Das moderne Gesicht Brüssels – Hochhäuser im Europaviertel*

Die Stadt in Zahlen
> **Stadtrecht:** 1229
> **Einwohner:** ca. 170.000
> **Bevölkerungsdichte:**
>   5182 Einw./km²
> **Fläche:** 32,61 km²
> **Höhe ü. M.:** 70 m

Auch wenn die 19 Gemeinden, welche die Region Brüssel ausmachen, nicht immer unter einen Hut zu bringen sind, wird heute häufiger als früher gemeinsam geplant und gebaut. Einer der Gründe für das **Umdenken** war die Ernennung Brüssels zur **Europäischen Kulturhauptstadt**, die zur Jahrtausendwende neuen Schwung brachte. Viele Viertel wie die Gegend um den alten Südbahnhof wurden saniert oder wie das Europaviertel (s. S. 56) völlig neu gestylt.

Mit dem **Gare du Midi** 36, dem neuen Bahnhof für die Hochgeschwindigkeitszüge, hat das Europa der kurzen Wege Gestalt angenommen. Das gilt auch für die **Metro**, die Jahr für Jahr wächst und somit die Fahrzeiten zum Teil erheblich verkürzt. So sind auch die **außerhalb des Stadtkerns** gelegenen Touristenziele wie das Atomium 39, Mini-Europe 40 oder auch das Königsschloss von Laeken 38 leicht zu erreichen.

In der Kernstadt ist man am besten zu Fuß unterwegs. Gut 15 Minuten dauert der Marsch vom Königs- 20 zum Justizpalast 25, nicht viel länger der Weg von der **Unterstadt** in die **Oberstadt** – ein Großteil Brüssels liegt nämlich auf einem Hügel, der den ersten Siedlern Schutz vor Überschwemmungen bot. Am schnellsten bringt ein Aufzug den Besucher vom schon leicht erhöht liegenden **Marollen-Viertel** ins mondäne **Louisen-Quartier**. Früher waren das zwei Welten, oben das Modeviertel um den Place Louise, Brüssels „Schickimicki-treff", unten das Arbeiterviertel der Marollen, das Quartier der kleinen Leute. Heute verwischen die Unter-

schiede, immer mehr Boutiquen bevölkern auch die Marollen und die Luxusläden entlang des Boulevard Waterloo verblassen.

Sablon heißt eine der ersten Adressen für Citybummler. Rund um die alte Kirche Notre Dame du Sablon 🈯 reihen sich teure Antiquitätenläden neben schicken Boutiquen, angesagten Restaurants, Cafés und edlen Schokoladengeschäften. Am meisten ist hier an den Wochenenden los,

wenn Trödler und Antiquare auf dem großen Platz vor der Kirche ihre Stände aufschlagen. Alles hat hier aber seinen Preis, nichts wird verramscht.

Neben dem Sablon treffen sich die Citybummler aber immer häufiger in **Saint-Gilles** oder **Ixelles**, den neuen Szenetreffs, wo Restaurants und Bistros Ziele der Nachtschwärmer sind. Die zunehmende Attraktivität der beiden Stadtteile lässt sich schon an den steigenden Mieten

Bruxellisation

*Lange Jahre gab es für Brüssels **Stadtentwicklung** nur ein Wort: **Bruxellisation.** Zu schnell war die Stadt in der zweiten Hälfte des letzten Jahrhunderts gewachsen und geldgierige Banker, überforderte Stadtplaner und nicht nachhaltig denkende Investoren hatten die Stadt verunstaltet. Betonsilos mit billigen Büroräumen wurden neben Jugendstilvillen gesetzt, Brücken und Tunnel kreuz und quer und ohne Rücksicht auf die Umgebung gebaut. Es waren die großen Zeiten der Spekulanten und Makler, die rücksichtslos alte Bausubstanzen zerstörten und durch **gesichtslose Neubauten** ersetzten.*

*Begonnen hatte dieser Prozess mit der **Weltausstellung 1958,** für die man ein Messegelände im grünen Niemandsland schuf. Folgenreicher aber war der Bau der neuen **Ringstraßen:** Bestehende Wohnviertel wurden dafür geopfert und durch Betonalleen ersetzt, auf denen noch heute die Autos vieler Hunderttausend Pendler in endlosen Staus stehen. Weiter stimuliert wurde die Bauwut mit der Ent-*

*scheidung, den **Sitz der Europäischen Gemeinschaft** nach Brüssel zu verlegen. An den Plätzen Rogier und Madou entstanden so kleine Wolkenkratzer, denen jeder architektonische Glanz abging. Hinzu kam, dass in Brüssel viele die Vorschriften des Denkmalschutzes auf ihre eigene Art interpretierten. So sieht das Gesetz vor, dass unter Schutz stehende Gebäude nicht abgerissen werden dürfen. Im Umkehrschluss meinten viele Eigentümer, sie aber auch nicht renovieren zu müssen. Das nutzten in den 1970er- und 1980er-Jahren **Spekulanten,** die **denkmalgeschützte Häuser** in guter Lage kauften und sie so lange verfallen ließen, bis sie nicht mehr renoviert werden konnten und sie zum Abriss freigegeben wurden. Neue Wohnblocks traten so vielfach an die Stelle alter Jugendstil- oder klassizistischer Herrenhäuser. Inzwischen darf kein Gebäude unter Denkmalschutz mehr abgerissen werden und jeder Eigentümer ist verpflichtet, sein Haus so instand zu halten, wie es ursprünglich einmal ausgesehen hat.*

Auch auf der **Ilot Sacré**, der heiligen Insel, Brüssels mittelalterlichem Herz, ist in den letzten Jahren vieles saniert worden. Es ist die Gegend um die Börse ❻ nördlich des Grand' Place ❶, die ursprünglich eine Insel in der Senne war und Standort der ersten Burg. Heute ist sie ein geschäftiges Quartier, in dem sich **Billigshops** und **Fast-Food-Restaurants** drängen. Durch die umliegenden „Fressgassen" wie die Rue des Bouchers schieben sich besonders mittags und abends die Massen, bleibt zwischen üppigen Auslagen und enger Bestuhlung oft nur ein schmaler Durchgang. Auch stimmt vielerorts hier das Preis-Leistungs-Verhältnis nicht mehr.

Wer Brüssel das erste Mal besucht, wird das vermutlich nicht merken, sondern von den Galéries Royales Saint-Hubert mit ihren Geschäften schwärmen, vom Manneken Pis, einem der Wahrzeichen der Stadt, und dem großartigen Architekturensemble des Grand' Place. Doch gilt die Gegend inzwischen als Problemkind der Tourismusplaner, die mit Sorge den Verfall gastronomischer Kultur zwischen Zentralbahnhof und Grand' Place betrachten. Und auch der Wohnraum dort wird immer weniger. Diesen Trend – das haben sich Brüssels Stadtplaner für die nächste Zeit auf die Fahnen geschrieben – gilt es umzukehren. Allerdings fehlt es an Geld. Man ist auf private Investoren angewiesen, die nicht unbedingt das Gemeinwohl im Sinn haben. So nisten sich internationale Laden- und Restaurantketten zunehmend um den Grand' Place ein. Alteingesessene beklagen die Entwicklung und fürchten, dass die Stadt so immer mehr ihr Gesicht und damit auch einen Teil ihrer Identität verlieren könnte.

Von den Anfängen bis zur Gegenwart

Aus vielen kleinen Dörfern ist Europas Hauptstadt im Lauf der Jahrtausende zusammengewachsen. Am Anfang stand eine sumpfige und hügelige Landschaft, die Menschen erstmals in der Jungsteinzeit bewohnt haben sollen. Römer und Franken drückten der Region jahrhundertelang ihren Stempel auf, später die Herzöge von Brabant und Lothringen. Mit Beginn der Neuzeit wurde die Stadt zum Spielball der Mächte und die Herrscher wechselten immer häufiger, ehe Brüssel 1830 zur Metropole des neuen Königreiches Belgien avancierte.

Über Brüssels Anfänge weiß man wenig. „Bruocsella" nannte sich der Ort anfangs oder auch „Brosella", „Brucella" und „Borsella". Namen, die allesamt sprachgeschichtlich auf eine „Siedlung im Bruch" hindeuten – eine **Sumpflandschaft** – und im französischen „Bruxelles" noch heute fortleben. Greifbar wird Brüssels Geschichte erstmals mit den Römern, mehr noch mit den Merowingern, die am Ufer der Senne siedelten. Schließlich baute Herzog **Karl von Niederlothringen** auf einer Insel im Fluss eine **Burg**, welche die Westgrenze des Kaiserreiches gegen die Angriffe flandrischer Grafen sichern sollte. Händler, Bauern und Handwerker fanden in ihrem Schatten Schutz. Brücken über die Senne und neue Kirchen wie ein dem heiligen Michael geweihtes Gotteshaus, in dem ein Dutzend Kanoniker die Reliquien der heiligen Gudula hüteten, kamen genauso hinzu wie eine gewaltige **Stadtmauer**. Brüssels strategische Lage ließ die Siedlung schnell wachsen, kreuzten sich hier doch **wichtige Handelswege.** Weber und Walker fertigten feinste Tücher und Stoffe, die in der herzoglichen Tuchhalle verkauft wurden und immer mehr Wohlstand brachten. Mitte des 13. Jahrhunderts zählte Brüssel rund 30.000 Einwohner, die fast allesamt **niederländisch** sprachen.

Als erste Stadt Brabants erhielt Brüssel schließlich das Privileg, bestimmte Steuern wie die Einnahmen aus der Stadtwaage für sich zu behalten. Ein **Steuereinnehmer** wurde eingestellt und ein **Friedensrichter,** der Streitigkeiten unter den Bürgern schlichten sollte, denn der **wirtschaftliche Aufschwung** hatte auch seine Schattenseiten. Zünfte wie die Tuchwalker drängten auf bessere Arbeitsbedingungen und höhere Löhne. Politisch schwächten diese Auseinandersetzungen die brabantische Metropole, die in der zweiten Hälfte des 14. Jahrhunderts vom flandrischen Grafen **Ludwig van Maele** erobert wurde. Wochen später aber schlugen die Bürger Brüssels zurück und vertrieben unter Führung des Ritters **Everard t'Serclaes** (s. S. 64) den Eindringling.

Anfang des 15. Jahrhunderts fiel Brüssel im Rahmen der Erbfolge an die **Burgunder,** später an die **Habsburger,** die in Brüssel freilich wenig Sympathien fanden. Mit **Karl V.** kamen allerdings neuer Glanz und Glamour in die Stadt. Große Feste und Umzüge bestimmten jetzt das öffentliche Bild, aufwendige Veranstaltungen, deren Träger die Gilden waren. Bis heute ruft der traditionelle Ommegang (s. S. 12) diese Ära in Erinnerung.

Für die **Lehren Luthers und Calvins,** die damals auch in Brüssel auf offene Ohren stießen, hatte der Habsburger Kaiser aber nichts übrig. Schon 1523 ließ er zwei Augustinermönche, Ordensbrüder Luthers, als Irrlehrer auf einem **Scheiterhaufen** verbrennen, andere köpfen. In der Folge wanderten Hunderte von Protestanten aus. Mehr noch als der Vater bekämpfte sein Sohn **Philipp II.** die Reformationsbewegung. Als Generalgouverneur schickte er den berühmt-berüchtigten spanischen **Herzog von Alba** (Spitzname „Blutherzog") mit 60.000 Soldaten nach Brüssel, der gleich nach seiner Ankunft die calvinistischen Rädelsführer auf dem Grand' Place köpfen ließ. Unter Führung **Wilhelm von Oraniens** eroberten die Niederländer Brüssel wieder zurück und wüteten in Kirchen und Klöstern. Zwar wurde danach ein **Religionsfriede** ausgerufen, der allen Konfessionen die freie Religionsausübung gewähren sollte, doch als man den Katholiken nur wenig später alle Gottesdienste und Prozessionen verbot und viele kirchlichen Feiertage abschaffte, rüsteten die Spanier erneut zum Gegenangriff.

Unter **Isabella,** der Tochter Philipps II., und ihrem Mann, dem Erzherzog **Albrecht von Österreich,** zogen für einige Jahrzehnte wieder Ruhe und Ordnung in Brüssel ein. Da beide aber kinderlos blieben, nutzte Frankreichs **König Ludwig XIV.** das Machtvakuum. Erzürnt über einen holländisch-englischen Angriff auf seine Küstenstädte, beschoss er Brüssel 1695 mit Kanonen, legte große Teile der Stadt in **Schutt und Asche.**

Es folgte eine wechselvolle Ära, geprägt von Freiheitskämpfen, erfolglosen Zunftaufständen und immer wieder wechselnden Besatzungen. Die meisten Spuren hinterließ **Napoleon,** der die alten Festungswälle schleifen und durch Ringstraßen ersetzen ließ.

Die **Schlacht bei Waterloo**, die endgültige Niederlage der Franzosen gegen die Engländer vor den Toren der Stadt, wendete Brüssels Geschichte erneut. 1815 wurde das Land **Teil des Königreiches der Niederlande**. 15 Jahre später entlud sich der Zorn des katholischen und liberalen Brüssels im Aufstand gegen die calvinistisch geprägten Niederlande. Am Ende stand das **unabhängige Königreich Belgien**.

Landeshauptstadt Brüssel

Damit war der Weg in die Moderne frei. Der zur offenen Kloake verkommene Fluss Senne, der Cholera und andere Krankheiten begünstigte, wurde überwölbt, Slums gesäubert, Wegezölle abgeschafft und viele neue Wohnhäuser gebaut. Belgiens erster König war **Leopold I.**, der sich um **Ausgleich mit den Nachbarn** bemühte. Sein Sohn **Leopold II.** war ein Machtmensch, der teure Prestigeprojekte wie das Königliche Zentralafrikanische Museum (s. S. 41) in Tervueren oder den gigantischen Justizpalast ㉕ finanzierte. Bis zur Jahrhundertwende war die Einwohnerzahl in der Großregion auf eine halbe Million angewachsen. **Jugendstilarchitekten** wie Victor Horta drückten der Stadt jetzt ihren Stempel auf, designten Villen und Kaufhäuser, Restaurants und Wohnungen.

Auf König Leopold II. folgte 1909 sein Neffe **Albert I.**, der sich eine schlichte Neutralitätspolitik auf seine Fahnen geschrieben hatte. Den **Ersten Weltkrieg** und den Einmarsch der Deutschen aber konnte er nicht verhindern. Nach dem Ersten Weltkrieg gaben die Belgier ihre Neutralität auf, was Deutschland nicht hinderte, 1940 Brüssel erneut zu besetzen.

Erst im September 1944 gelang es den Alliierten, die Stadt von der **Herrschaft der Nazis** zu befreien.

Schneller als andere europäische Staaten erholte sich Belgien von den Kriegsfolgen. 1958 dokumentierte Brüssel mit der **Weltausstellung** seine wirtschaftliche Wiederbelebung. 1963 schließlich wurde Brüssel – als Folge des immer heftiger werdenden Sprachenstreits – offiziell als **zweisprachige Region** ausgewiesen.

Die **Spannungen zwischen Flamen und Wallonen** sind aber nicht weniger geworden. Drei Viertel aller Einwohner Brüssels sind heute französischsprechende Wallonen, der Rest niederländisch sprechende Flamen. Eine Gemeinschaft zweier Volksgruppen, die in Brüssel gleiche Rechte haben. Vom Straßenschild bis zu Behördenschreiben ist die Zweisprachigkeit offiziell festgeschrieben. Eine Konstellation, die in der Praxis seltsame Blüten treibt: 365 Tage lang werden die Züge auf den Bahnhöfen zuerst in Flämisch, dann in Französisch angekündigt, vom nächsten Neujahrstag an dann umgekehrt.

Genau betrachtet ist Brüssel der Kitt, der Belgien zusammenhält. Ohne die Hauptstadt wäre das Land längst zerfallen. So aber raufen sich die Belgier immer wieder zusammen.

Stadtgeschichte in Zahlen

966 In einer Urkunde Ottos des Großen taucht Brüssel *(Bruocsella)* erstmals auf.
1229 Herzog Heinrich I. verleiht Brüssel das Stadtrecht.
1402 Baubeginn des Brüsseler Rathauses am Grand' Place
1482 Brüssel kommt unter die Herrschaft der Habsburger.
1490 Franz von Taxis errichtet eine Postverbindung nach Innsbruck.

1516 Karl V. wird in Brüssel zum König von Spanien gekrönt.

1521 Erasmus von Rotterdam arbeitet in Anderlecht.

1531 Brüssel wird Hauptstadt der spanischen Niederlande.

1561 Einweihung des Willebroekkanals zwischen Brüssel und Antwerpen

1568 Hinrichtung der Widerstandskämpfer Graf von Egmont und Graf von Hoorn

1585 Alexander Farnese, der Herzog von Parma, erobert Brüssel.

1695 Französische Truppen bombardieren das mittelalterliche Brüssel.

1700 Bau des Théâtre de la Monnaie, Vorläufer der heutigen Oper

1703 Gründung der Handelskammer

1778 Brüssels Börse nimmt ihre Geschäfte auf.

1790 Gründung einer „Republik der belgischen Staaten"

1794 Belgien wird französisch.

1835 Start der Eisenbahnlinie Brüssel-Mechelen, einer der ersten der Welt

1935 Weltausstellung im Heysel-Park

1949 Einführung des Frauenwahlrechts

1958 Eröffnung des Atomiums

1959 Brüssel wird Sitz der Europäischen Wirtschaftsgemeinschaft (EWG).

2000 Brüssel wird Europäische Kulturhauptstadt.

2011 Am letzten Wohnort des jüdischen Künstlers in der Rue Archimède erinnern zwei „Stolpersteine" an den Osnabrücker Felix Nußbaum und seine Frau.

2015 200-Jahr-Feier der Schlacht bei Waterloo vor den Toren Brüssels

▷ *Armut und Reichtum – diesem Gegensatz begegnet man in Brüssel auf Schritt und Tritt*

Leben in der Stadt

Kaum eine andere europäische Metropole ist so multikulturell wie Brüssel. Rund 200 Nationalitäten sind heute in der Stadt zu Hause, Menschen aller Kontinente und Rassen. Die Ketjes, wie die geborenen Brüsseler heißen, werden langsam zur Minderheit. Schon jetzt kommt jeder vierte Bewohner der Stadt aus dem Ausland.

Völkermühle Brüssel

„Zinneke" heißt die Völkergemeinschaft Brüssels, die alle zwei Jahre in einer großen Parade (s. S. 11) durch die Stadt zieht. Der multikulturelle Umzug spiegelt das Leben in der Metropole wider, denn Brüssel ist ein **Schmelztiegel**, der **Toleranz** und **Liberalität** verlangt. Neben den knapp 500.000 Einheimischen leben inzwischen Zehntausende von **Einwanderern** vor allem aus Afrika in der Stadt. Hinzu kommen Tausende von **Illegalen**, Wanderarbeiter und Lebenskünstler meist, aber auch ganze Familien, die sich in Europa ein besseres Leben versprochen, sich aber längst noch nicht eingelebt haben. Genausowenig in Brüssel daheim fühlen sich auch viele **Mitarbeiter der EU**, der **NATO** oder der anderen **internationalen Institutionen** und Vereinigungen. Um die **Integration** aller zu fördern, organisiert jeder Stadtteil mindestens einmal im Jahr ein großes Fest für Jung und Alt. Mit Spiel, Tanz und Musik versucht man so, die Menschen einander näherzubringen.

Rund 50.000 Bedienstete arbeiten heute in Brüssels **europäischen Institutionen**, Männer und Frauen aus vielen Dutzend Nationen. Zehntausende stehen in den Diensten der Europäischen Kommission. Mehr als

7000 sind beim Europäischen Rat beschäftigt, mehr als 3000 beim Europäischen Parlament, wo auf jeden der Abgeordneten noch einmal zwei bis drei Assistenten kommen. Hinzu kommen gut 4000 Mitarbeiter, die bei der **NATO** arbeiten, die ebenfalls in Brüssel ihren Sitz hat.

Mit 50.000 großen und kleinen **Tagungen, Messen** und anderen Veranstaltungen hat die Region jährlich viele Millionen Gäste. Umgerechnet vier Milliarden Euro Einnahmen ergibt das nach einer Studie – oder mehr als 20.000 Arbeitsplätze. Tausende von Köchen, Küchenhelfern, Taxifahrern, Nachtportiers, Kellnern, Tellerwäschern, Zimmermädchen, Busfahrern, Pizzabäckern, Rezeptionisten, Hausmeistern, Wäscherinnen, Türstehern, Discjockeys, Reinigungskräften, Wirten und Hoteliers verdanken **Geschäftsreisenden** und **Touristen** ihren Arbeitsplatz.

5 Millionen Übernachtungen zählt die Stadt jährlich, fast die Hälfte davon rein touristisch bedingt. Alle großen **Hotelketten** der Welt sind in Brüssel vertreten. Häuser wie Marriott, Radisson oder Le Meridien. Luxusherbergen, neben denen man nicht vergessen darf, dass in Brüssel auch Zehntausende auf **Mietzuschüsse** und **Sozialhilfe** angewiesen sind. Statistisch gesehen gilt heute fast jeder vierte Einwohner Brüssels als arm. Anders als in Paris etwa, wo sich die Underdogs in bestimmten Vierteln ballen, verteilen sie sich in Brüssel aber über die ganze Stadt. Wohnungslose findet man also überall in der Landeshauptstadt und auch Menschen, die in Mülleimern nach Essbarem kramen. In Brüssel versteckt man das Elend nicht, hier ist **Armut** auch für Touristen **täglich sichtbare Realität.**

Umgekehrt belebt das Gemisch aus Reich und Arm, Alt und Jung, Einheimischen und Fremden **Brüssels Kulturszene.** Kein Musikstil, der hier nicht seine Anhänger hätte, keine Kunstform, die hier nicht Freunde fände. So sind die vielen Galerien, Kunsttempel, Museen, Konzert- und Ausstellungshallen nicht Staffage einer Wohlstandsgesellschaft, sondern Ausdruck einer lebendigen Kultur – gefördert von Staat und Sponsoren, die genau wissen, dass Kunst und Kultur zu einem Besseren Miteinander beitragen können.

029br Abb.: tp

Die EU und das Europa-Parlament – die Stadt in der Stadt

*Eine gemeinsame Währung, billige Handytelefonate ins Ausland, Ausweise, die grenzenloses Reisen erlauben, Führerscheine, die überall anerkannt werden, Verbraucherschutzregelungen, die europaweite Shoppingtouren im Internet ebenso möglich machen wie großzügige Entschädigungen bei Zug- und Flugverspätungen – all das wurde in Brüssel auf den Weg gebracht. In der Hauptstadt der Europäischen Union werden Woche für Woche die Weichen für das tägliche Leben der EU-Bürger gestellt. Hunderte von Parlamentariern, Ministern und Kommissionen sowie Zehntausende von Fachbeamten arbeiten das ganze Jahr über hier. Hinzu kommt ein Heer von Lobbyisten, welches die Politiker bei ih-*ren Entscheidungen zu beeinflussen sucht. Das sind die Interessenvertreter von Handel und Gewerbe, Banken und Industrie, Verbänden und Vereinen, die einflussreiche Netzwerke unterhalten.

Das Europaviertel zwischen Königspalast **20** und Jubelpark **26** ist ein **Stadtteil aus der Retorte**, ein Moloch aus Glas, Stein und Stahl, der in jeder Metropole der Welt ähnlich aussehen könnte. Ganze Straßenzüge hat man für den Bau der Politikpaläste abgerissen und Tausende von Menschen umgesiedelt, die einst im schicken Leopold-Quartier wohnten – jenem Viertel, in dem einst die „besseren" Bürger zu Hause waren. Viele ihrer Domizile sind Bürosilos gewichen – Milliarden Euro teuren Bauten, deren

Finanzierung in ganz Europa verkaufte Immobilienfonds erlaubten.

Mit gut **zwei Dutzend offiziellen Amtssprachen** und **rund 400 theoretisch möglichen Sprachkombinationen** hat die EU heute nach den Vereinten Nationen die größte Sprachenvielfalt der Welt. Besonders schwer hat es in dem Gemisch die deutsche Sprache, denn obwohl sie in der EU am weitesten verbreitet ist, verständigen sich in den EU-Institutionen nur wenige Mitarbeiter auf Deutsch.

600 fest angestellte und mehr als 3000 freiberufliche **Dolmetscher** halten den Politikbetrieb am Laufen. Neben den Dolmetschern, die ausschließlich das gesprochene Wort übersetzen, gibt es ein Heer von **Übersetzern**, die sich mit der schriftlichen Fixierung von Presseerklärungen oder Gesetzesvorlagen befassen und dabei auch nationale Gewohnheiten Rechnung tragen. So gibt es ein eigenes Glossar für „Ausdrücke des öffentlichen Bereichs in Österreich", das viele Tausend Begriffe wie „Erdäpfel" (statt Kartoffeln) oder „Vogerlsalat" (statt Feldsalat) umfasst.

Vom Leben in den Bürohochhäusern, vom Arbeitsalltag, erfährt der Brüsseltourist bei seinem Rundgang durch das Europaviertel kaum etwas. Was er sieht, sind wartende Taxen, geschäftige Herren im dunklen Anzug oder Damen im Kostüm, die mit ihren Laptoptaschen vom einen zum anderen Büro hasten. Auch Kamera- und Fernsehteams geben sich hier die Klinke in die Hand, sind doch über eintausend **Journalisten** in Brüssel offiziell akkreditiert.

Rund um die Rue de la Loi werden heute die Weichen für Europa gestellt. **Berlaymont** heißt **der Amtssitz der Europäischen Kommission**. Der Name erinnert an die „Damen von Berlaymont", einen Frauenorden, der in dieser Gegend einst eine Mädchenschule unterhielt. Vier markante Flügel prägen den 14-stöckigen Bau, der in den 1990er-Jahren wegen des ursprünglich als Feuerschutzmittel verbauten Asbests komplett saniert werden musste. Dabei legte man viel Wert auf **Umweltverträglichkeit**. So spült recyceltes Regenwasser die Toiletten und die verbrauchte Luft aus den Klimaanlagen heizt die Tiefgaragen. International Beachtung hat auch die neue Verkleidung aus Glaslamellen gefunden, die sich je nach Sonnenstand bewegen und so Temperatur und Helligkeit in den Büros regeln. Tausende von Kommissionsbeamte und -angestellte arbeiten heute hier, der Chef selbst im 13. Stock.

Auch das benachbarte **Charlemagne-Gebäude** – benannt nach Karl dem Großen, einem der Väter europäischen Denkens – dient der Kommission inzwischen als Büro. Ganz modernisiert fällt vor allem der vollständig verglaste Zylinderanbau mit seinen Konferenzsälen auf. Bis 1995 war hier der Rat der Europäischen Union zu Hause, der seitdem schräg gegenüber im **Justus-Lipsius-Haus** residiert, dessen Name auf einen flämischen Humanisten des späten 16. und frühen 17. Jahrhunderts verweist. Mit mehr als 20 Kilometern Bürofluren gehört das Gebäude zu den größten Verwaltungsgebäuden Brüssels.

An die Schachtel eines französischen Rahmweichkäses erinnert angeblich die 72 Meter hohe Glaskup-

◁ *Erinnert Betrachter an eine Käseschachtel – die Glaskuppel des Europaparlaments*

Die EU und das Europa-Parlament – die Stadt in der Stadt

pel des **Europaparlaments**, weshalb der Bau heute unter dem Spitznamen „Caprice des Dieux" – so der Name des Camemberts – bekannt ist. Hier tagt das Parlament allerdings nur gelegentlich, ist sein Hauptsitz doch Straßburg. Allerdings haben rund zwei Drittel der vielen Tausend in der Parlamentsverwaltung tätigen Bediensteten hier inzwischen ihren Arbeitsplatz.

Und neu ist auch das **Parlamentarium** 🌑, das Besucherzentrum und Museum des Europaparlaments.

Auch wenn viele Bauten im Europaviertel architektonisch längst Anerkennung gefunden haben, vielen Betrachtern sind sie **zu bombastisch** und **zu teuer.** Und auch die **Beamten** der EU sind ein kostspieliges Heer von Bürokraten. Zwischen 10.000 und 20.000 Euro netto verdient jeder der Abgeordneten und Topbeamten hier. Dazu kommen Extras wie Aus-

landszulagen, Steuervorteile, Wohnungszuschüsse, Kinder- und Schulgeld. Noch besser verdienen die sogenannten **Lobbyisten.** Berater aller Art, die häufig zu verhindern suchen, was Kommission und Volksvertreter auf den Weg bringen wollen. Seriöse Schätzungen gehen von mehr als 20.000 Lobbyisten in Brüssel aus. Jeder Vierte ist offiziell bei den europäischen Institutionen registriert und hat so Zugang zu Parlament, Kommission und Rat.

In Brüssels Restaurants gehören die Lobbyisten zu den besten Kunden. „Wer erfahren will, was für Entscheidungen anstehen und wo die politischen Mehrheiten entstehen", weiß ein Insider zu berichten, „der geht ins Restaurant und nicht ins Parlament." Vor allem Expolitiker und Exmanager versilbern heute in Belgiens Hauptstadt ihr Fachwissen samt Netzwerkkontakten für gutes Geld. Viele Dutzend Seiten allein umfasst das Verzeichnis deutscher, österreichischer und Schweizer Lobbyisten in Brüssel. Schiffs-, Auto- und Flugzeugbauer finden sich darin, Frachtspezialisten und Waffenhersteller, Bierbrauer und Versicherungsvertreter, Banken und Zeitarbeitsfirmen, Bausparkassen, Arzneimittelfabrikanten und Bauunternehmen, aber auch Gewerkschaften und Sozialverbände, Parteien, Ärzte und Bauernverbände – eine schier endlose Liste.

030br Abb.: gs

▷ *Berlaymont, der Sitz der Europäischen Kommission*

◁ *In Brüssel werden die Weichen Europas gestellt – Denkmal im Europaviertel*

Die EU und das Europa-Parlament – die Stadt in der Stadt

Rund um die Bauten der Kommission, des Parlaments und des Rats finden sich die **Vertretungen der Mitgliedsstaaten**, Botschaften und Apartmenthäuser, in denen Hunderte von Politfunktionären wohnen, viele in den sogenannten Square-Vierteln um die Plätze Square Marguerite, Square Ambiorix und Square Marie-Louise. Auch viele EU-Vertretungen finden sich in dem noblen Viertel, denn neben den nationalen Zweigstellen unterhalten auch Deutschlands und Österreichs Bundesländer eigene Vertretungen in Brüssel.

Besichtigungen und Besuche

● **126** [K7] **Europäische Kommission**, Rue de la Loi 130, www.ec.europa.eu. Am Sitz der Europäischen Kommission sind aus Sicherheitsgründen keine Einzelbesuche möglich.

● **127** [K7] **Rat der Europäischen Union**, Justus-Lipsius-Haus, Rue de la Loi 175, www.consilium.europa.eu. Informationsbesuche beim Rat sind aus Sicherheitsgründen organisierten Gruppen von mindestens 15 Personen ab 18 Jahren vorbehalten. Die bis zu zweistündigen Besuche bestehen in der Regel aus einem Vortrag eines Ratsbeamten mit anschließender Diskussion. Anmeldungen mindestens drei Monate im Voraus unter Fax 02 2816609 oder per elektronischem Anmeldeformular über die Internetseite.

● **128** [J7] **Europäisches Parlament**, Rue Wiertz 60, Tel. 02 2842111, www.europarl.europa.eu. Das Europaparlament offeriert an parlamentsfreien Werktagen kostenlose Einzelbesichtigungen des Plenarsaals. Die rund einstündigen Audioführungen in deutscher Sprache finden Mo. bis Fr. um 10 Uhr statt, Mo. bis Do. auch um 15 Uhr. Personen ab 14 Jahren können sich dazu etwa eine Vier-

EXTRATIPP

Bildungsurlaub in Brüssel
Jeder Europa-Abgeordnete kann Bürger zu einem Besuch einladen. Viele Reisen werden jährlich sogar vom Europaparlament gesponsert und manche Bundesländer gewähren dafür sogar Bildungsurlaub. Kontakte macht man am besten über das Büro des zuständigen Europaabgeordneten.

telstunde vorher mit einem Identifikationsdokument (Ausweis, Pass oder Führerschein) am Besuchereingang einfinden. An Sitzungstagen ist es möglich, für eine Stunde den Debatten im Plenarsaal beizuwohnen. Treffpunkt ebenfalls am Besuchereingang.

031br Abb.: gs

Die Europäische Union – Europas Motor

Die Europäische Union ist ein auf vielen, immer wieder erneuerten und fortgeschriebenen Verträgen basierendes Stück sich stets wandelnder Demokratie, für die meisten Menschen aber noch immer ein Buch mit sieben Siegeln, deshalb ein kurzer Rückblick auf ihre **Geschichte:** *1951 hatten Belgien, Deutschland, Frankreich, Italien, Luxemburg und die Niederlande beschlossen, ihre Kohle- und Stahlindustrien gemeinsam zu verwalten. Damit war der Grundstock für die „Europäische Wirtschaftsgemeinschaft" (EWG) gelegt, der erste Schritt in Richtung einer „Europäischen Union" getan. 1962 vereinbarte man eine gemeinsame Agrarpolitik, 1968 fielen die Binnenzölle und Länder wie Irland, Dänemark und Großbritannien kamen neu hinzu. 1979 wurde das EU-Parlament erstmals direkt gewählt. Inzwischen gehören 27 Staaten, von Belgien bis Zypern, der Europäischen Union an.*

Motor Europas sind der Europäische Rat, die EU-Kommission und das **Europäische Parlament,** *das alle fünf Jahre von den EU-Bürgern gewählt wird. Es ist die Volksvertretung Europas, ein Gremium von rund 750 Männern und Frauen, die für gewöhnlich in Straßburg zusammenkommen, dem Sitz des Parlaments. Seine Ausschüsse und Fraktionen aber tagen in Brüssel, wo auch mehrmals im Jahr kürzere Plenarsitzungen stattfinden.*

Der **Europäische Rat** *gibt die politische Richtung Europas vor. Dazu kommt er mindestens zweimal jährlich - meist aber häufiger - in Gestalt der Staats- und Regierungschefs und ihrer Außenminister in Brüssel oder anderswo zusammen.* **EU-Gipfel** *heißen diese Treffen der Mitgliedsstaaten.*

Wichtigstes Entscheidungsgremium der EU ist der **Rat der Europäischen Union,** *umgangssprachlich auch als* **Ministerrat** *bekannt. Er setzt sich aus den Fachvertretern jedes Mitgliedsstaates auf Ministerebene zusammen. Seine halbjährlich wechselnde Präsidentschaft wird jeweils von einem anderen Mitgliedsstaat übernommen und ist bis 2018 festgelegt.*

Die Interessen der Europäischen Union vertritt die **Europäische Kommission,** *die in Brüssel ihren Sitz hat. Sie bildet ein von allen Mitgliedsstaaten unabhängiges und damit supranationales Organ. Im Moment besteht die Kommission aus 27 Kommissaren, die innerhalb von sechs Monaten nach der Wahl des Europäischen Parlaments vom Rat der Europäischen Union benannt werden. Die Kommission ist befugt, neue gesetzgeberische Maßnahmen vorzuschlagen und trägt dafür Sorge, dass die Politik der EU in den einzelnen Staaten auch ordnungsgemäß umgesetzt wird, was manche Firmen durch millionenschwere Strafen immer wieder zu spüren bekommen. Die Kommission wird deshalb auch oft „Hüterin der Verträge" genannt.*

Umstritten ist die Stellung der Kommission, die nicht von einem Parlament gewählt, sondern nur über die Regierungen der Mitgliedsstaaten legitimiert ist. Das Europäische Parlament hat nur begrenztes Mitspracherecht. Kein Wunder also, dass die Europa-Parlamentarier auf mehr Einfluss drängen.

Brüssel entdecken

004br Abb.: gs

Erlebenswertes im Zentrum

Die Kernstadt Brüssel teilt sich in die Unterstadt mit der Ilot Sacré und dem Grand' Place als ältestem Teil und in die Oberstadt mit den Königlichen Palästen, dem Mont des Arts und dem Sablon-Viertel. Letzterem zu Füßen liegen die Marollen, einst das Viertel des einfachen Volkes, das sich rund um den Place du Jeu de Balle erstreckt.

Der Mont des Arts bildet für die meisten Brüsselbesucher den elegantesten Übergang von der Unter- in die Oberstadt. Er erstreckt sich zwischen dem Place de l'Albertine und dem Place Royal und verdankt seinen Namen den vielen hier ansässigen Museen und Kunsthallen. Sein inzwischen schön sanierter Kern ist ein ursprünglich zur Weltausstellung 1910 angelegtes Gelände mit einem Park und Terrassen, von denen sich ein schöner Blick auf die Altstadt bietet.

Ihren eigenen Charakter haben Saint-Gilles und Ixelles mit ihren vielen Jugendstilbauten. Hier ist das Brüssel der Bohemiens, der jungen Schickeria. Nur werktags belebt ist das EU-Viertel mit seiner modernen Stahl- und Glasarchitektur. Schaerbeek und Anderlecht seien allen empfohlen, die Vorstadtluft schnuppern wollen, und wer die Königliche Residenz, Brüssels wichtigsten Vergnügungspark und das Atomium sucht, muss weiter ins Grüne fahren.

❶ **Grand' Place (Rathausplatz)** ★★★ **[G6]**

Der Grand' Place ist Brüssels wichtigster Treffpunkt. Schließlich liegt der Platz zentral, nur ein paar Fußminuten vom Bahnhof entfernt und auf halbem Weg zwischen Brüssels neuem Modeviertel, der Rue Antoine Dansaert ❾, und dem Mont des Arts, der Museumsmeile der Stadt. In seiner architektonischen Geschlossenheit ist er sicher einer der schönsten Plätze der Welt. Längst genießt er den Schutz des Weltkulturerbes, der freilich nicht verhindert, dass seine unmittelbare Umgebung immer mehr an Ansehen verliert. Schokoladen- und Souvenirläden, Fressbuden, Bars und Bistros haben alteingesessene Geschäfte längst verdrängt.

Grote Markt heißt der Grand' Place auf flämisch, was auf seine einstige Bedeutung als Marktplatz hinweist. Heute ist er das nicht mehr, sieht man von ein paar Blumenständen die Woche über ab. Dafür haben ihn die Eventmanager in Beschlag genommen, Ausstellungs- und Konzertorganisatoren, die mit ihren **Veranstaltungen** hier gern präsent sind. Auch der **Ommegang**, Brüssels wichtigstes Historienfest (s. S. 12), geht hier an zwei Tagen des Jahres über die Bühne. Und alle zwei Jahre legen Gärtner einen riesigen **Blumenteppich** auf den Platz.

Bis ins 12. Jh. war an Stelle des Grand' Place nur ein sumpfiges Gelände. Nach der Trockenlegung des Gebiets entstanden hier aber rasch Häuser und Geschäfte und auch das Rathaus fand hier Platz. Ende des 17. Jh. nahmen französische Soldaten die Gebäude unter Beschuss und die

◁ Vorseite: Brüssels Triumphbogen – der Blickfang im Jubelpark ㉖

032br Abb.: gs

meisten Häuser wurden zerstört. Im Nachhinein betrachtet ein Glücksfall für Brüssel, denn mit dem **Wiederaufbau** schuf man in kurzer Zeit ein Architekturensemble von Weltrang.

Nicht nur das Rathaus ❷ und das Maison du Roi ❸, sondern auch die übrigen Häuser rund um den Grand' Place sind einen Blick wert, schwelgen sie doch in feinstem **barocken Dekor**. Schon die Logos an den Fassaden – Tierfiguren wie Schwan, Esel, Fuchs oder Pfau, Pflanzen, Heiligenfiguren und andere Symbole – verraten, dass es sich in der Mehrzahl um **Zunfthäuser** handelt, einst Sitz von Händlern und Handwerkern.

Das gilt auch für das 1892 renovierte **Maison des Ducs de Brabant** („Palast der Herzöge von Brabant") an der Südostseite des Grand' Place, das seinen Namen den Büsten zahlreicher Herzöge an der Außenfassade verdankt. Hinter der Gesamtfassade verbergen sich gleich mehrere Zunfthäuser, unter anderem das der Müller, Tischler, Maurer und Gerber.

Richtung Rathaus schließt sich neben zwei Wohnhäusern das Haus **L'Arbre d'Or** („Der Goldene Baum") an, in dem die Brauer zu Hause sind. Reliefs an der Fassade verweisen auf Biertransport und Hopfenernte. Heute beherbergt das alte Zunfthaus ein **Biermuseum** (s. S. 40).

Ein Schwan mit ausgebreiteten Flügeln über der Tür verweist im Gebäude nebenan auf den Namen der Herberge – **Le Cygne**. Das ehemalige Innungshaus der Metzger dient inzwischen als Restaurant. Mitte des 19. Jh. sollen die im Brüsseler Exil lebenden **Karl Marx** und **Friedrich Engels** hier ihr Kommunistisches Manifest geschrieben haben. An den „Schwan" schließt sich das angeblich älteste Haus am Platz an – **L'Etoile** („Der Stern"). Das kleinste ist es auf alle Fäl-

☐ *Der Grand' Place am Abend:*
rechts das Rathaus,
links das Stadtmuseum

EXTRATIPP

Ein Ritter für Liebesuchende

Oft ist der Säulengang des Hauses „Der Stern" in der Rue Charles Buls direkt neben dem Rathaus belagert und die Besuchergruppen drängen sich vor dem Sarkophag des Ritters Everard t'Serclaes. 1356 soll er den Angriff eines flandrischen Grafen auf die Stadt niedergeschlagen haben, was ihn zum Volkshelden machte. Sein bronzenes Ebenbild zu berühren, so heißt es, bringe Glück. Gerne verweisen die Fremdenführer darauf, dass man den Arm des bronzenen Helden am Fuß des Denkmals nur einmal zärtlich streicheln müsse, um binnen eines Jahres die große Liebe zu finden.

le. Um Platz für eine Durchgangsstraße zu machen, wurde es 1852 abgerissen und später über einem Säulengang wieder aufgebaut. Im Durchgang erinnert eine Bronzefigur an **Everard t'Serclaes,** einen Ritter, der die Stadt Ende des 14. Jh. von den Truppen des Herzogs von Flandern befreite.

Sechs eindrucksvolle Bauten zieren die **Nordwestseite** des Grand' Place, die als die Schokoladenseite des Platzes gilt – zumindest soll sie die meistfotografierte sein. Links sieht man zunächst **Le Renard** („Der Fuchs"). Das alte Zunfthaus der Krämer krönt eine Statue des heiligen Nikolaus, Schutzpatron der Kaufleute. Die fünf Figuren in der Mitte des ersten Stocks symbolisieren die vier damals bekannten Erdteile Europa, Asien, Afrika und Amerika – und die Justiz mit verbundenen Augen, in der einen Hand das Schwert, in der anderen eine Waage. Daneben befindet sich **Le Cornet** („Das Füllhorn"), das

ehemalige Zunfthaus der Flussschiffer. Betrachter erinnert der Giebel des 1697 errichteten Gebäudes an ein mit Ankern und Seilen gesichertes Schiffsheck. Über der zweiten Etage fängt ein von Seepferden umgebener Wassermolch einen Fisch.

Das Haus **La Louve** („Die Wölfin") verdankt seinen Namen dem Eingangsrelief, das eine Wölfin mit Romulus und Remus zeigt, den legendären Stadtgründern Roms. Das Haus war einst im Besitz der Bogenschützen, die viel für die Klassik übrighatten. Zahlreiche Allegorien schmücken die Vorderfront. **Le Sac** („Der Sack") diente früher den Böttchern und Schreinern als Treffpunkt.

La Brouette („Der Schubkarren") war das Zunfthaus der Fettmacher. Daran erinnert auch in einer Fassadennische die Statue des heiligen Ägidius, als der Schutzpatron der Zunft gilt. **Le Roi d'Espagne** („König von Spanien") beherbergte einst die Bäckerzunft.

Schließlich verdienen auch die Häuser rechts und links des Maison du Roi ❸ einen kurzen Blick. Sechs kleinere Bauten mit wunderschönen, klassischen Fassaden und Giebeln finden sich links des heutigen Stadtmuseums, acht nicht minder ansehnliche Gebäude rechts davon. Eines der historisch wichtigsten verbirgt sich hinter den Hausnummern 26 und 27 und heißt **Le Pigeon** („Die Taube"). Es ist das alte Haus der Malerzunft, in dem sich 1852 der Schriftsteller **Victor Hugo** eingenistet hatte, nachdem er aus Frankreich geflohen war. Angeblich soll er hier seinen weltberühmten Roman „Les Misérables" („Die Elenden") geschrieben haben, der als Vorlage für das gleichnamige Musical gilt.

> Metrostation: Bourse oder Gare Centrale

❷ Hôtel de Ville ★★ [G6]

Das **Rathaus**, französisch „Hôtel de Ville" und auf niederländisch „Het Stadhuis", ist das Herzstück des Grand' Place, wer genau hinsieht, merkt aber schnell, dass etwas an ihm nicht stimmt: Die linke Hälfte des Gebäudes wurde am Anfang, die etwas kürzere rechte Seite aber erst in der Mitte des 15. Jahrhunderts gebaut. Die sichtbare **Asymmetrie** war gewollt und ist kein Baufehler – wie eine Legende besagt, nach der sich der Architekt verzweifelt vom Turm gestürzt haben soll. Fast einhundert Meter hoch ist der **Rathausturm,** den eine Wetterfahne krönt, die den heiligen Michael zeigt, Brüssels Schutzpatron. Blickfang an der Fassade sind mehr als einhundert **steinerne Skulpturen**, die im 19. Jahrhundert als Ersatz für ältere Vorbilder geschaffen wurden. Einige Originale kann man heute im Stadtmuseum finden, das sich im Maison du Roi ❸ gegenüber befindet. Die Skulpturen zeigen Wohltäter Brüssels, Heilige und Herzöge, aber auch Liebespaare oder zechende Mönche.

Prunkstück im Rathausinneren ist der sogenannte **gotische Saal**, in dem mancher Herrscher inthronisiert wurde. Sehenswert ist auch ein **Brunnen** im Innenhof mit zwei bärtigen Gestalten, die Maas und Schelde verkörpern, die beiden größten Flüsse Belgiens.

❯ Das Rathaus kann im Rahmen von Ausstellungen oder Führungen regelmäßig besichtigt werden, vorausgesetzt der tägliche Betrieb wird dadurch nicht gestört. Viele seiner Säle werden nämlich auch heute noch für Sitzungen oder Empfänge genutzt und am Wochenende kann im Rathaus eine Trauung stattfinden (Informationen unter der Telefonnummer 02 5480447).

❸ Maison du Roi ★★ [G6]

Als **Pendant zum Rathaus** versteht sich das gegenüberliegende Maison du Roi, das „Haus des Königs", in dem freilich nie einer gewohnt hat. Der Name erinnert vielmehr daran, dass in der langen Geschichte des Hauses hier einst im Gerichtshof im Namen des Königs **Recht gesprochen** wurde. Anfangs diente das Gebäude als Brothaus, in dem Bäcker ihre Waren anboten. Die Franzosen machten es schließlich zum „Haus des Volkes". 1860 übernahm die Stadt Brüssel das Gebäude, riss es vollständig ab und ersetzte es durch einen **neogotischen Neubau,** der aber erst kurz vor der Wende zum 20. Jahrhundert fertig wurde. Heute dient es als Stadtmuseum (s. S. 40).

EXTRATIPP

Jacques Brel

Das Lied „Ne me quitte pas" („Bitte, verlass mich nicht") machte ihn weltberühmt, den großen Chansonnier und Sohn der Stadt, der früh an Lungenkrebs starb. „Aufrecht hat er gelebt und der Poet lebt immer noch", steht auf einer Tafel an seinem Geburtshaus in der Avenue du Diamant 138 in Schaerbeek. Nur ein paar Schritte vom Grand' Place entfernt erinnert heute ein kleines Museum an Jacques Brel (1929 – 1978). Wie kein anderer verkörperte er Brüsseler Lebensart. Ein unermüdlicher Schaffer, den man in Konzerthallen ebenso traf wie in Restaurants und Kneipen. 1966 beendete er seine Gesangskarriere und machte als Schauspieler weiter. „J'aime les Belges" heißt die ihm gewidmete Dauerausstellung. Im Museumsshop gibt es die passenden Medien.

❯ **Edition Jacques Brel** (s. S. 40)

Ein Teppich aus vielen Hunderttausend Blüten

033br Abb.: gs

Viele Hundert Meter sind die Menschenschlangen oft lang, stehen die Massen zu einem Balkonbesuch vor dem Rathaus an. **Von oben** nämlich ist der Blumenteppich, der alle zwei Jahre auf dem Grand' Place liegt, am besten zu sehen. Nur aus der Höhe kommen seine Muster richtig zur Geltung. Viele Hunderttausend bunte Blüten, die flinke Hände nach immer neuen Vorlagen aus **Begonien** zusammenfügen. Die Blumen gelten als besonders widerstandsfähig, müssen sie doch für mindestens drei Tage praller Sonne ebenso wie Wind und Sturm widerstehen.

1971 lag der erste Blumenteppich auf dem Grand' Place, 1976 der zweite. Inzwischen fügt man alle zwei Jahre die vielen Blüten kunstvoll zusammen und der Blumenteppich ist zu einer wichtigen **Touristenattraktion** geworden.

Schon ein Jahr vorher sucht eine Kommission nach passenden Mustern.

Oft sind es alte **flämische oder französische Tapisserien,** die als Vorlage dienen. Edle Wandbehänge oder Teppiche, die einst die Paläste des Adels zierten. Experten rechnen dann aus, wie viele Blüten in welchen Farben zur Gestaltung gebraucht werden. Eine Hundertschaft erfahrener Gärtner setzt dann das Ganze in gut vier Stunden zusammen, Quadratmeter für Quadratmeter auf 77 Metern Länge und 24 Metern Breite. Mehr als 750.000 Blüten werden so zu einem bunten Ganzen montiert und dicht und fest aneinandergesteckt, sodass sie auch einem kräftigen Windstoß standhalten können.

❯ Der Blumenteppich wird alle zwei Jahre Mitte August auf den Grand' Place gelegt – das nächste Mal vom 15. bis 17. August 2014. Am besten lässt sich der Teppich vom Rathausbalkon sehen und abends werden die Blumen sogar beleuchtet.

❯ www.flowercarpet.be

❹ Saint-Nicolas au Marché ★ [G6]

Die Kirche Saint-Nicolas au Marché schräg hinter der Börse ist **eine der ältesten Brüssels** – auch wenn von ihrer ursprünglichen Bausubstanz so gut wie nichts mehr vorhanden ist. Ursprünglich wurde sie im Mittelalter von den Brüsseler Händlern und Kaufleuten als **Marktkirche** errichtet, die sie ihrem **Schutzheiligen Nikolaus** widmeten. Die heutige Kirche entstammt dem Barock. Ein goldener Reliquienschrein hütet die Gebeine der „Märtyrer von Gorcum", die in den Religionskriegen des 16. Jahrhunderts ums Leben kamen. Zum Kirchenschatz gehört auch das Bild „Mutter Gottes mit schlafendem Kind", das dem großen Barockmaler Peter Paul Rubens zugeschrieben wird. Mitten im hektischen Brüssel dient das Kirchlein heute als stiller **Rückzugsort** und als Hort der Andacht.

❯ Rue au Beurre 1, Tel. 02 5138022, tgl. 10–18.30 Uhr, Metrostation: Bourse

❺ Galeries Royales Saint-Hubert ★★ [G6]

Die 1847 von König Leopold eingeweihte und unlängst renovierte **Ladenstraße** besteht eigentlich aus drei Passagen, der **Galerie de la Reine** („Galerie der Königin"), der **Galerie des Princes** („Galerie der Prinzen") und der **Galerie du Roi** („Galerie des Königs"). Einst war hier die Flaniermeile der Stadt: Mehr als 200 Meter vornehmste Eleganz unter gläsernen Kuppeln, die zu durchschreiten Eintritt kostete. Kein Wunder, dass Karl Marx die Ladenpassage als „hässliches Gesicht des Kapitalismus" beschimpfte – motiviert vor allem auch durch die Tatsache, dass für den Bau des Ein-

kaufszentrums zahlreiche Arbeiterwohnungen abgerissen wurden. Die Galerien waren über Jahrzehnte die **erste Brüsseler Einkaufsadresse,** ihre Luxusboutiquen immer gut besucht. Feinstes Leder und teures Tuch gibt es hier noch heute, ebenso Champagner, exquisite Schokolade, ausgesuchte Bücher und vieles mehr.

❯ Metrostation: Gare Centrale

❻ Börse und Umgebung ★★ [G6]

Blickfang am Boulevard Anspach, einer der geschäftigsten Brüsseler Straßen, ist die im **klassizistischen Stil** erbaute Börse mit ihrer breiten Freitreppe. Vor allem im Sommer ist sie beliebter Treffpunkt, liegt doch die gleichnamige Metrostation („Bourse") direkt vor ihren Füßen. Die Treppe flankieren zwei **Löwen aus Stein,** die für die hier gebündelte wirtschaftliche Kraft stehen sollen. Allegorische Figuren schmücken den Giebel des im 19. Jahrhundert erbauten Wirtschaftspalastes. Inzwischen hat die Börse als Forum der Wirtschaft ausgedient. Stattdessen dient sie zeitweise als Veranstaltungshalle für Ausstellungen oder Konzerte.

Rund um die Börse finden sich **Restaurants** 66und **Cafés, Fast-Food-Läden** und **Pommesbuden.** Einige lohnen den Besuch, wie die Brasserie Le Cirio (s. S. 29), eine Perle des Jugendstils, in der die Zeit stehen geblieben zu sein scheint. Der richtige Rahmen jedenfalls, um ein Kriek oder Gueuze zu probieren, eines der typischen Brüsseler Biere (s. S. 26).

Nur ein paar Schritte sind es von der Börse zur **Beursschouwburg** (s. S. 35), einem mehrstöckigen Gebäude, das heute junge Leute mit Ausstellungen, Theater, Disco und

Konzerten lockt. L'Ancienne Belgique heißt ein anderer **Musiktempel** in der Nähe und auch rund um den Place Saint-Géry tobt vor allem am Wochenende der Bär, treffen sich die Nachtschwärmer in den zahlreichen Musikkneipen, Restaurants und Bars. Ebenfalls als Kneipe und Kulturzentrum dient heute die alte **Markthalle** (Halles Saint-Géry, s. S. 31). Bei einem Kaffee kann man die einmalige Architektur auf sich wirken lassen.

❯ Rue Henri Maus 2, Metrostation: Bourse

🔴7 Place de la Monnaie ★ [G5]

Einst stand hier, wie der Name sagt, eine Münzprägeanstalt, die Ende des 17. Jahrhunderts aber einem Theater Platz machte. **Théâtre Royal de la Monnaie** (s. S. 37) heißt es heute und

Marionettentheater und Kneipe im Herzen der Stadt

Es gehört zu Brüssel wie die heimischen Biere: das **Théâtre de Toone** (s. S. 37). Sein erster Prinzipal war Antoine Genty, der 1830 mit dem Figurentheater startete. Damals war die Konkurrenz groß und es gab mehrere Bühnen in der Stadt. Überlebt hat nur das Toone, das heute in einem Haus aus dem 17. Jahrhundert seine Spielstätte hat. Am populärsten sind die Schwänke im Brüsseler Dialekt, wie er einst in den Marollen, wo das Theater seine Wurzeln hat, gepflegt wurde. Mehr als eintausend Figuren gehören heute zur Theaterstiftung, von denen die schönsten im kleinen Marionettenmuseum im Erdgeschoss und im urigen Theatercafé zu sehen sind. Hier lebt das alte Brüssel noch! Gespielt wird gewöhnlich von Donnerstag bis Samstag um 20.30 Uhr, samstagnachmittags auch um 16 Uhr.

ist Brüssels **Opernhaus**. Seine monumentale Fassadenfront gleicht einem antiken Tempel, innen lohnt sich ein Blick ins Foyer und den Salon Royal, dessen kühle postmoderne Eleganz überrascht. Von September bis Juni werden jeden Samstag um 12 Uhr geführte Touren durch das Theater angeboten, in dem im August 1830 **nationale Geschichte** geschrieben wurde. Damals stand „Die Stumme von Portici" auf dem Programm, eine Oper um den neapolitanischen Volksaufstand des Jahres 1647. „Weg mit dem Joch, vor dem wir erbeben, weg mit dem Fremdling", heißt es in dem Werk, das den Brüsseler Bürgern, die sich in jenen Jahren von den Niederländern bevormundet fühlten, genau aus der Seele sprach. Irgendwann im vierten Akt der Oper, so die Überlieferung, hätte es die Zuschauer nicht mehr auf den Sitzen gehalten und sie seien auf die Straße gegangen, um zu demonstrieren. Monate später jedenfalls hatte man das Joch der Fremdherrschaft abgeschüttelt und Belgien war ein selbstständiger Staat.

Vom revolutionären Geist von einst spürt man heute hier nichts mehr. Gegenüber der Oper thront ein seelenloses Einkaufszentrum, unter dem sich eine Metrostation verbirgt. An Freiheit mahnt allenfalls die neu gestaltete öffentliche **Bibliothek** zur Rechten der Oper. Nur ein paar Schritte sind es von hier über die Rue Neuve und die noble Ladenstraße Passage du Nord zum **Place de Brouckère**, einem der wichtigsten Metrokreuzungspunkte der Stadt. Der Platz galt einmal als belgischer Times Square. Mit dem **Métropole** ziert ihn ein Hotel mit großer Vergangenheit, in dem schon Albert Einstein, Konrad Adenauer und Charles de Gaulles genächtigt haben.

❯ Metrostation: De Brouckere

8 Place des Martyrs ★ [G5]

Der Märtyrerplatz hat nichts mit Heiligen zu tun, sondern mit den Helden des belgischen Volkes. Mehr als 400 **Opfer des Aufstandes von 1830**, von denen viele in den umliegenden Straßen ihr Leben ließen, haben in einer großen **Gruft** ihre letzte Ruhe gefunden. Auf einem Sockel darüber steht die **Patria**, das verkörperte Vaterland, und an ihrer Seite der **belgische Löwe**, der seine Ketten gesprengt hat. Dem Anführer der Aufständischen, **Louis-Frédéric de Mérode**, setzte Henry van de Velde im Süden des Platzes ein Jugendstildenkmal.
› Metrostation: De Brouckere

9 Rue Antoine Dansaert ★ [F5]

Nur ein paar Schritte von der Börse entfernt liegt Brüssels **Modemeile**, die Rue Antoine Dansaert (s. S. 20). Hier haben viele kreative Köpfe der Stadt ihre Läden, kleine Boutiquen meist, in denen **exklusive Mode** zu haben ist – hochwertige Kleidung aus Wolle, Leinen, Kaschmir und Seide. Zwischen den Boutiquen, aber auch in den angrenzenden Seitenstraßen, finden sich kleine **Restaurants** und **Hotels** und ein paar typische **Brüsseler Kneipen** wie das renovierte Greenwich (s. S. 34), in dem René Margritte einst viele Stunden beim Schach verbrachte.

Die Rue Antoine Dansaert steht symbolisch für den Aufschwung der Stadt, war sie doch einst nur „eine von vielen". Vor gut zwei Jahrzehnten war die Gegend noch verrufen und kaum ein Tourist verirrte sich in das Viertel. Erst mit der Ansiedlung von Modeläden belebte sich das Quartier. Wie es früher einmal ausgesehen hat, kann man am Anfang der Straße kurz vor dem Kanal erkennen, wo viele Migranten zu Hause sind.
› Metrostation: Bourse

10 Fischmarkt und Kirche Sainte-Catherine ★ [F5]

Diese Gegend zählt zu den populärsten der Stadt. Zwar wird rund um den **Fischmarkt** heute nicht mehr wie früher groß mit Fischen gehandelt, der eine oder andere kleine Laden aber bietet noch immer die „Früchte des Meeres" zum Verkauf an. Einen Besuch wert sind die vielen Fischrestaurants, die im Sommer ihre Gerichte

◻ Der Anspachbrunnen am Fischmarkt

im Freien oder unter einem Zeltdach servieren.

Genau betrachtet ist der Fischmarkt ein weitgehend zugeschütteter alter Hafen. Das jedenfalls verraten die Straßennamen seiner beiden Längsachsen: **Quai aux Briques** (Kai für Ziegelsteine) und **Quai au Bois a Bruler** (Kai für Brennholz). Inzwischen hat man aber wieder neue Wasserflächen geschaffen und den einst auf dem Place de Brouckere stehenden, nach einem Brüsseler Bürgermeister benannten **Anspachbrunnen** hier aufgestellt. Am Ende der beiden Kais steht die **Katharinenkirche**, ein wuchtiger Bau aus Romanik, Gotik und Renaissance. Seine Größe kommt nicht von ungefähr, gilt als letzter Baumeister des Gotteshauses doch der Architekt Joseph Poelaert, dem Brüssel auch den pompösen Justizpalast **25** und die Kirche Notre Dame de Laeken **38** verdankt.

Die Kirche selbst ist inzwischen öffentlich **nicht mehr zugänglich**, ihre Zukunft unklar. Vor der Kirche ist donnerstags bis samstags (7–17 Uhr) Markt, einer der ältesten Brüssels.

❯ Metrostation: Sainte-Catherine

11 ● **Manneken Pis** ★★★ **[G6]**

Paris hat seinen Eiffelturm, New York seine Freiheitsstatue – Brüssel hat einen frechen Bronze-Pimpf, der seine Manneszier jährlich Millionen Besuchern präsentiert. Im Volksmund heißt der Kerl, der den freien Geist der Brüsseler verkörpern soll, Manneken Pis – oder wie soll man den pinkelnden Burschen sonst schönreden? Jahrhundertelang jedenfalls war er das alleinige Wahrzeichen der Stadt und auch heute noch halten ihn die Einheimischen für viel wichtiger als das Atomium **39**.

Schon im Mittelalter soll sein Ahne einen Brunnen in der Innenstadt geschmückt haben. Manneken Pis, erzählt eine **Legende**, sei der Sohn eines regionalen Herrschers gewesen. Als ihn eine Hexe festsetzte, hätte er aus Wut an ihre Tür uriniert, was das Weibsbild so erzürnt habe, dass sie den Pinkler in Stein verwandelte. Eine andere Geschichte will in ihm den Sohn des Brabanter Herzogs Gottfried III. sehen, der seinen Vater in eine Schlacht begleitet habe. Als er sich mitten im Kampfgetümmel

KLEINE PAUSE

Fischbar
Gebackene Sardinen, leckere Garnelen oder einfach nur eine warme Fischsuppe? Die Fischhandlung am Place Saint Catherine (s. S. 32) hat ihre eigene **Open-Air-Bar,** an der sich die Einheimischen in der Mittagspause oder nach dem Einkaufsbummel treffen. Frischer kommt man kaum an Fisch – und das oft zu Preisen, für die man um die Ecke nur eine Vorspeise bekommt.

▸ *An der Fischbar kann man sich für weitere Abenteuer stärken*

in seiner Wiege erhob und sein kleines Geschäft verrichtete, hätten Gottfrieds Mitstreiter dies als Verhöhnung des Feindes angesehen, was sie zum Sieg motivierte. Zum Dank sollen sie dem Kleinen einen Brunnen gestiftet haben. Eine andere Geschichte will wissen, dass der Bursche im letzten Moment die brennende Lunte einer Bombe auf natürlichste Weise gelöscht habe, mit der Bösewichte das Rathaus in die Luft sprengen wollten.

Wie auch immer: Um 1450 taucht Manneken Pis erstmals in Texten des Brüsseler Stadtarchivs auf. Anfang des 17. Jahrhunderts wurde er nach einem 1619 entstandenen Entwurf von **Jérome Duquesnoy** (1570–1641) erstmals in Bronze gegossen, als Ersatz für eine offenbar bereits vorhandene Brunnenfigur namens „Petit Julien". Es war der Urtyp des Manneken Pis, denn immer wieder wurde die Figur in den folgenden Jahrhunderten in Kriegen zerstört, gestohlen oder von Vandalen zertrümmert. **Anfang des 19. Jahrhunderts** schließlich formte man die heutige Figur, die seitdem Touristen aus aller Welt lockt. „Das sich seines inneren Feuchtigkeitsüberschusses auf die einfachste Art entledigende Bürschchen gilt als das eigentliche Wahrzeichen Brüssels", notierte 1910 ein deutscher Reiseführer. Und auch heute zieht es fast jeden Brüsselbesucher zu dem kleinen Plätzchen unweit des Marktplatzes, wo der pinkelnde Bursche heute residiert.

Auch große Herrscher fanden immer wieder Gefallen an dem kleinen Frechdachs. Ende des 17. Jahrhunderts schickte ihm der bayrische Kurfürst in seiner Eigenschaft als Statthalter der Niederlande in Brüssel eine weiß-blaue Tracht. Nicht aus sittlichem Empfinden übrigens, verfügte

▱ *Kopie und Original – das Manneken Pis ist in Brüssel allgegenwärtig*

▱ *Dank dem edlen Spender – zu besonderen Anlässen produziert die zierliche Statue statt eines faden Wasserstrahls freudenspendenden Rotwein oder Bier*

das Kleidungsstück doch über einen passenden Schlitz. Auch König Ludwig XV. ließ ihm 1747 ein eigenes Galakostüm aus Goldbrokat zukommen. Inzwischen füllt seine **Garderobe**, die vom Prinzengewand aus dem Kölner Karneval bis zur Pilotenuniform reicht und auf fast tausend Stück angewachsen ist, ganze Museumsschrän-

Erlebenswertes im Zentrum

ke – und mehr als ein Dutzend kommen jährlich neu hinzu. Besonders festlich zeigt sich das Manneken Pis an Feiertagen – am Jahrestag der Befreiung Belgiens etwa in stolzer Uniform. An Fußball-Länderspieltagen trägt es das Trikot der belgischen Nationalmannschaft, zu Presleys Geburtstag ein Elvis-Kostüm. Da braucht es einen **eigenen Kammerdiener**, der ihn zu jedem Anlass neu kleidet. Die Zeremonie ist dabei immer die gleiche. Erst wird das Wasser abgestellt und ein Bediensteter klettert hinauf, um die Klamotten zu wechseln. Dann heißt es „Wasser marsch" und das Manneken darf wieder ...

Zu besonderen Gelegenheiten, etwa wenn Belgiens Veteranen ihn ehren, kann seine Manneszierde auch einmal zum **Bier- oder Rotweinspender** werden, pumpt man ihn mit Reben- oder Gerstensaft statt Wasser voll. Auf alle Fälle gilt es immer in Deckung zu gehen, wenn der junge Mann so richtig loslegt. Um Entführungen des kleinen Frechdachs vorzubeugen, steht auf dem Brunnenrand an der Kreuzung der Rue du Chêne mit der Rue de l'Etuve übrigens seit 1965 eine Kopie. Wer das **Original** sucht, findet es zusammen mit den vielen Kleidungsstücken im Städtischen Museum (s. S. 40).

1987 erhielt Manneken Pis übrigens ein weibliches Pendant, **Jeanneke Pis**, die seitdem in der Impasse de la Fidelité [G6], einer Sackgasse nahe der Rue des Bouchers hockt. Und in der Rue des Chartreux [F6] findet sich ein **Zinneke** benannter Hund, der artig sein Beinchen hebt. Skulpturen, die wie Manneken Pis das volkstümliche Image Brüssels festigen sollen.

❯ Rue de l'Etuve/Rue du Chêne, Metrostation: Bourse oder Gare Centrale

⑫ Tour & Taxis ★ [F3]

Im Norden Brüssels, dicht am Kanal, findet sich Tour & Taxis, das neu gestylte ehemalige königliche **Warenhaus**, ein elegantes Backsteingebäude aus dem frühen 20. Jh. Einst war der Bau Zentrum eines gigantischen Warenumschlagplatzes, an dem täglich mehrere Hundert Güterwagen be- und entladen wurden. Heute haben Firmen, Geschäfte und Restaurants hier eine neue Heimat gefunden. Die Lagerhallen dahinter bieten fast ganzjährig **Raum für Ausstellungen und Messen** – etwa für Brüssels renommierte Antiquitätenmesse oder das Internationale Festival des fantastischen Films (s. S. 11). Der Name der Anlage erinnert an die ehemaligen Grundstücksbesitzer, die **Familie Thurn und Taxis**. Franz von Taxis hatte im 16. Jh. von Brüssel aus die ersten regelmäßigen **Postverbindungen** eingerichtet, unter anderem nach Frankfurt am Main. Rund um das Warenhaus soll in den nächsten Jahren **ein ganz neues Viertel** nach dem Vorbild der Hamburger Hafencity entstehen.

❯ Avenue du Port 86 C, www.tourtaxis.be, Metrostation: Yser

EXTRATIPP

Strandleben in Brüssel

Seit über einem Jahrzehnt ein Erfolgsrezept: Bruxelles Les Bains. Von Anfang Juli bis Mitte August regieren am Quai des Péniches im Norden der Stadt [F/G3] fünf Wochen lang Bikini, Badehose und Sonnenbrille. Der künstliche Strand am alten Kanal gilt als Paradies für Sandburgenbauer, Cocktailfreunde, Partylöwen und Sportskanonen. Abends schippern Partyschiffe vor der Strandkulisse entlang, es gibt Freiluftkino und Lifekonzerte.

❯ www.bruxelleslesbains.be

⑬ **Centre belge de la Bande Dessinée (Belgisches Comicstrip-Museum)** ★★★ [H5]

Eines der ältesten Brüsseler Kaufhäuser, ein Jugendstilgebäude wie aus dem Bilderbuch, beherbergt heute eines der wichtigsten Comicmuseen der Welt. Neben ständig wechselnden Ausstellungen infomiert eine Dauerausstellung über Geschichte und Entstehung der bunten Heftchen. Zum Museum gehören auch ein gut sortierter Comicshop und ein Bistro.

Belgiens Zeichner gehören längst zu den besten der Welt. Ihre Comics machten Geschichte, die das Museum nun dokumentiert. Erleben Sie **die Schlümpfe**, **Lucky Luke** oder **Tim und Struppi**, deren Abenteuer Millionen Menschen begeisterten. Wer Zeit hat, in alten Bildergeschichten zu stöbern, ist im **Comiclesesaal** der Bibliothek bestens aufgehoben. Zu den ständigen Ausstellungen gehören eine Schau, die einen Comic vom Zeichentisch bis zum fertigen Verkaufsexemplar begleitet.

Genauso beeindruckend wie die Ausstellung ist auch die Museumskulisse, ein **architektonisches Gesamtkunstwerk** des Jugendstilmeisters Victor Horta. 1906 hatte er den Bau als Tuchwareneinzelhandelsgeschäft entworfen.

❯ Rue des Sables 20, Tel. 02 2191980, www.comicscenter.net, Di.–So. 10–18 Uhr, Eintritt 8 €, Metrostation: De Brouckere oder Botanique

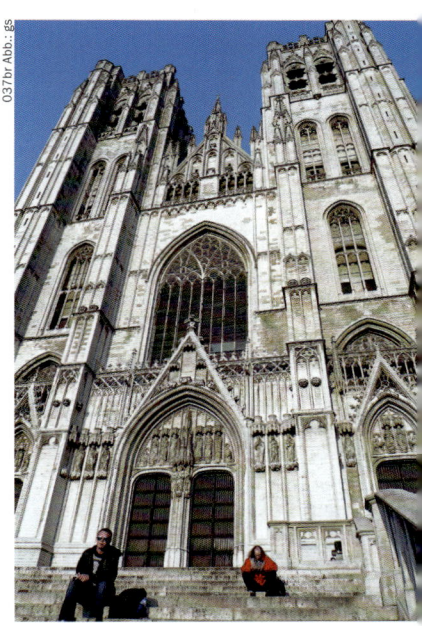
037br Abb.: gs

⑭ **Cathédrale des Saints Michel et Gudule** ★★★ [H6]

Mit mehr als 100 Metern Länge und rund 50 Metern Breite ist Brüssels Kathedrale schon von ihren Maßen her beeindruckend. Sie ist den Brüsseler Stadtpatronen, dem Erzengel Michael und der heiligen Gudula, geweiht. Letztere zählt auch zu den Nationalheiligen Belgiens. Wahrzeichen des mächtigen Gotteshauses sind die beiden Türme, die als einige der wenigen Kirchtürme Belgiens von ihren Bauherren auch ganz vollendet wurden. Heute gilt die Kathedrale als Nationalkirche des Königreichs Belgien und ist Schauplatz königlicher Feiern.

An einer der Flanken der Kirche erinnert ein Denkmal an den belgischen **Kardinal Mercier** (1851–1926), der

⌂ *Brüssels Kathedrale ist gleichzeitig Belgiens Nationalkirche* im Ersten Weltkrieg den Widerstand gegen die deutschen Besatzer organisierte. Kunsthistorisch gewichtig ist der **Chor des Gotteshauses**, der besonders eindrucksvoll den Übergang von der Romanik zur Gotik widerspiegelt. Aber auch die vielen kleinen Kapellen ringsum – von der Magdalenenkapelle mit ihrem italienischen Alabasteraltar bis zur Sakramentskapelle – verdienen Beachtung.

Bereits in karolingischer Zeit soll an der Stelle der heutigen Kathedrale eine dem **Erzengel Michael** geweihte Taufkirche gestanden haben. Mit der Überführung der Gebeine der **heiligen Gudula** in die Michaelskirche anno 1047 wurde das Patrozinium erweitert. Gudula, die im frühen 8. Jahrhundert starb und deren Haupt heute neben den Gebeinen der heiligen Hildegard in der Rheingau-Gemeinde Eibingen aufbewahrt wird, wurde von ihrer Patin Gertrud von Nivelles

erzogen und lebte die meiste Zeit in ihrer selbst gebauten Klosterzelle. 1579 zerstörten die Calvinisten den Schrein mit ihren Reliquien.

Die **heutige Kirche** geht auf das Jahr 1225 zurück, als man an Stelle des alten Gotteshauses mit dem Bau eines neuen begann, das freilich erst Jahrhunderte später fertig wurde. So ist die erst in den 1980er-Jahren freigelegte Krypta noch romanisch, der Rest der Kirche meist gotisch. Viele der ursprünglichen Ausstattungsgegenstände fielen dem protestantischen Bildersturm des 16. Jahrhunderts zum Opfer, sodass die ältesten Kunstwerke aus dem 17. Jahrhundert kommen – so wie die gewaltige Kanzel aus Eichenholz, die den Baum der Erkenntnis, unter dem Adam und Eva stehen, symbolisieren soll. Künstlerisch am gewichtigsten sind die vielen **Glasfenster**, von denen ein Großteil aus dem 16. Jahrhundert stammt. Im Chor sind Herzog Johann von Brabant und seine Gemahlin Margarete von York sowie Erzherzog Ernst von Österreich begraben. Herzog Philipp der Gute wohnte in dem Gotteshaus ebenso der heiligen Messe bei wie Kaiser Karl V. oder Napoleon. Und weil die Kathedrale inzwischen als belgische Nationalkirche gilt, ist der mächtige Bau auch hin und wieder Schauplatz großer Ereignisse wie Vermählungen oder Trauerfeiern.

Seit einigen Jahren nistet in einem der Türme ein **Wanderfalken-Paar,** dessen Treiben man zeitweise auf Bildschirmen in einem Container zu Füßen der Kathedrale verfolgen kann. Möglich machen das von Wissenschaftlern am Nest installierte Kameras (www.peregrinfalcons.be).

❯ Parvis Sainte-Gudule, Tel. 02 2196834, www.cathedralestmichel.be, Besichtigung: Mo.–Fr. 7–18, Sa. 8.30–15.30,

068br Abb.: gs

So. 14–18 Uhr. In der spätgotischen Kapelle neben dem Hauptaltar wird der Domschatz gezeigt (Eintritt 1 €), die Krypta (Eintritt 2,50 €) ist nur nach Absprache zugänglich. Metrostation: Gare Centrale oder Parc

⑮ Palais des Beaux-Arts (BOZAR) ★ [H7]

Mit mehr als einer Million Besuchern jährlich ist der Palast der Schönen Künste heute einer der Besuchermagneten der Stadt. Der neu renovierte, 1928 vom Jugendstilarchitekten Victor Horta erbaute Palast dient als **Konzert- und Ausstellungshalle**. Sein Kammermusiksaal rühmt sich einer ausgezeichneten Akustik und ist jährlich Schauplatz eines populären Musikwettbewerbs. Hier hat auch die **Brüsseler Philharmonie** ihren Sitz.

❯ Rue Ravenstein 23, Tel. 02 5078200, Di.–So. 10–18 Uhr, Do. bis 21 Uhr, www.bozar.be, Metrostation: Gare Centrale oder Parc

⑯ Musée des Instruments de Musique (Musikinstrumentenmuseum) ★★ [H7]

Auf vier Ebenen zeigt das Museum mehr als tausend **Instrumente aus aller Welt**, vom eleganten Spinett bis zu Flöten und Trommeln afrikanischer Volksmusiker. Mittels Infrarotkopfhörer, die es an der Kasse gibt, kann man viele der Ausstellungsstücke auch hören. Zu den Prunkstücken gehören eine altägyptische Harfe, eine Viola da Gamba aus dem 16. Jh. und Instrumente des Erfinders des Saxophons, Adolphe Sax, der in der nahen Stadt Dinant zu Hause war. Von Februar 2014 bis Januar 2015 erinnert eine große Sonderausstellung im

4. Stock an seinen zweihundertsten Geburtstag (Eintritt 12 €).

Auch wer für die Instrumentensammlungen wenig übrig hat, allein der **Museumsbau** mit seiner eindrucksvollen Glasfassade und seinem alten Personenaufzug ist einen Besuch wert. Schließlich ist das MIM ein **ehemaliges Warenhaus** aus dem späten 19. Jahrhundert und einer der schönsten Jugendstilbauten Brüssels.

❯ Rue Montagne de la Cour 2, Tel. 02 5450130, www.mim.fgov.be, Di.–Fr. 9.30–17, Sa.–So. 10–17 Uhr, 8 €, Metrostation: Gare Centrale oder Parc

⑰ Place Royal ★ [H7]

In der Mitte des Platzes erhebt sich das **Reiterstandbild** des Kreuzritters Gottfried von Bouillon. Sechs korinthische Säulen und ein Giebeldreieck mit Fresko bilden die Fassade der angrenzenden **Jakobskirche** auf dem Coudenberg, in welcher der König seine eigene Loge hat.

Der Place Royal markiert einen der geschichtsträchtigsten Punkte der Stadt, stand hier einst doch der alte **Coudenberg-Palast** (s. S. 42). Heute säumen den Platz einige der populärsten Brüsseler **Museen**, allen voran die Königlichen Museen der schönen Künste ⑱ und das Magritte-Museum ⑲. An der Ostflanke liegt das zentrale Touristenbüro (s. S. 103).

❯ Metrostation: Parc oder Gare Centrale

◁ *Das Musikinstrumentenmuseum* ⑯ *ist schon von außen sehenswert*

⑱ Musées Royaux des Beaux-Arts de Belgique (Königliche Museen der schönen Künste) ★★★ **[H7]**

Die Königlichen Museen der schönen Künste bestehen aus dem Museum für alte Kunst und dem Museum für moderne Kunst. Beide sind miteinander verbunden und bilden eines der bedeutendsten Kunstzentren Europas. Seit Neustem gehört auch das Museum Fin de Siecle dazu, das jüngste Aushängeschild belgischen Kulturerbes. Tage könnte man in den Musentempeln verweilen, Stunden allein mit dem Studium der Gemälde von Rubens oder Brueghel verbringen, die hier gleich zu Dutzenden an den Wänden hängen. Aber auch moderne Malerei, von Dalí bis Delvaux, wartet auf ihre Betrachter.

Das **Museum für alte Kunst** ist in einem geräumigen Palast untergebracht, der ursprünglich den Hofstaat Karls von Lothringen beherbergte, später ließ ihn Napoleon zum Kunsttempel ausbauen.

Rund 20.000 Werke nennen die Museen heute ihr Eigen, von denen nur ein Bruchteil ausgestellt werden kann. Jeder Besucher muss sich also beschränken, wenn er nicht Tage im Museum verbringen will. Zur Orientierung kennzeichnen deshalb verschiedene Farben die **Rundgänge.**

Gewaltig präsentiert sich die große **Eingangshalle** mit Skulpturen von Rodin und anderen Bildhauern – und einem riesigen Gemälde von Gustaf Wappers (1803–1874), das die Brüsseler Revolution behandelt, die schließlich zur Gründung des Staates Belgien führte. 1835 wurde es im Auftrag der Regierung gemalt und zeigt den heroischen Aufstand des Volkes in Großformat. An den Seiten der Eingangshalle finden sich ein gut sortierter Museumsshop und eine Cafeteria, die fast immer gut besucht ist.

Empfehlenswert ist vor allem ein Blick auf die Anfänge der niederländischen Malerei, auf Künstler wie den sogenannten „Meister von Flémalle", zu dessen Schülern Rogier van der Weyden gehörte, der seit 1436 der Stadtmaler Brüssels war. Zu den beeindruckendsten **Museumswerken** gehören die Bilder von Hieronymus Bosch, allen voran „Die Versuchung des Heiligen Antonius", das allerdings nur als eine alte Kopie des Lissabonner Originals vorhanden ist. Den höllischen Visionen des Malers tut das keinen Abbruch. Hans Memling ist mit dem „Martyrium des heiligen Sebastian" vertreten: einem wunderschönen, von Pfeilen durchbohrten Jüngling. Unter den deutschen Malern des 16. Jahrhunderts gilt die Aufmerksamkeit dem Luther-Freund Lucas Cranach, der 1531 das Bild einer Venus schuf. Auf alle Fälle sollte man sich die einmalige Sammlung der Bilder Pieter Brueghels d. Ä. nicht entgehen lassen, der lange Jahre in Brüssel lebte. Bilder wie „Die Volkszählung von Bethlehem", „Die Anbetung der Könige" oder „Landschaft mit dem Sturz des Ikarus" gehören zu den Perlen europäischer Malkunst. Nicht ganz seinem Vater das Wasser reichen konnte sein Sohn, von dem sich ebenfalls einige Bilder in Brüssel finden. Die ganze flämische Lebenslust spiegelt sich in den Gemälden Jacob Jordaens. So zeigt „Der König trinkt", wie man einst das Fest des Bohnenkönigs am 6. Januar feierte, den Auftakt zur närrischen Zeit. Barocke Üppigkeit bis hin zum Format kennzeichnen die Gemälde Peter Paul Rubens, unter denen „Das Martyrium des heiligen Livinius" oder seine „Marienkrönung" herausragen.

Jüngster Museumsspross ist das **Fin-de-Siecle-Museum**, das in die ehemaligen Räume des Museums für moderne Kunst eingezogen ist. Hier wird nun die Kunstepoche zwischen 1865 und dem Ersten Weltkrieg dokumentiert, die Belgien stark prägte. James Ensor, Léon Spilliaert und andere Maler jener Zeit sind hier neben Poeten wie Maurice Maeterlinck oder Architekten wie Victor Horta oder Designern wie Henry Van de Velde vertreten. Bedeutende Jugendstilbauten Belgiens zeigen sich in eindrucksvollen **3-D-Projektionen.** Erstmals wird so eine stilbildende Epoche des Landes als Gesamtkunstwerk vor Augen geführt. Dazu gehört auch die wertvolle **Art-Nouveau-Kollektion** der Sammlerin Gillion Crowet.

039br Abb.: gs

Umbauarbeiten prägen derzeit das **Museum für moderne Kunst**, das seine Schätze deshalb vorübergehend nur in Wechselausstellungen zeigen kann. Dazu zählen Meisterwerke von Jaques-Louis David, Jean-Auguste-Dominique Ingres, Claude Monet, Alfred Sisley, Gustave Courbet, Georges Pierre Seurat, Paul Signac, Paul Gauguin, Henri Matisse, Georges Braque, Pablo Picasso, Salvator Dali, Richard Long oder George Segal.

❯ Rue de la Régence 3, Tel. 02 5083211, www.fine-arts-museum.be, Di.–So. 10–17 Uhr (Kassenschluss 16.30 Uhr), Eintritt 13 € im Kombiticket für alle Museen, Einzelmuseen preiswerter, Metrostation: Parc oder Gare Centrale.

▷ *Blick in die Eingangshalle der Musées Royaux des Beaux-Arts*

◁ *„Manneken Manierlich" mit züchtig verhülltem Zipfel*

⑲ Musée Magritte ★★★   [H7]

Das noch relativ junge Museum findet sich im ehemaligen Hotel Altenloh, einem klassizistischen Gebäude am Place Royal. Gut 200 Werke von René Magritte, einem der bedeutendsten modernen Künstler Belgiens, haben hier eine neue Heimat gefunden. Kunst von Weltrang, anschaulich präsentiert auf 2500 Quadratmetern Ausstellungsfläche.

Auf drei Stockwerken gibt das moderne Museum Einblick in die Ideenwelten und Techniken des Künstlers Magritte, der nicht nur Maler war. Neben **Gemälden, Zeichnungen, Grafiken, Fotos, Skulpturen** und **Plakaten** sind so auch einige von ihm gedrehte **Filme** im neuen Museum zu sehen: kurze, mit einer Amateurkamera aufgenommene Streifen voll individualistischer Poesie. In einem schüttet Magritte Wasser aus einer Karaffe in ein Glas. Noch mehr Spaß aber macht es ihm, den Vorgang umzukehren, also das Wasser aus dem Glas zurück in die Karaffe zu gießen.

Viele der Ausstellungsstücke sind Schenkungen seiner Ehefrau Georgette, die Magritte schon von Jugend an kannte und ihm öfter Modell stand. Da Magrittes Kunst nicht immer leicht verständlich ist, empfiehlt sich eine Audioguidetour. Alle Museumsrundgänge starten im dritten Stock, wohin einen der Aufzug nach dem Passieren einer Sicherheitsschleuse bringt.

❯ Place Royal 1, Tel. 02 5083211, www. musee-magritte-museum.be, Di.–So. 10–17 Uhr, Eintritt 8 € (Audioguide 4 €), Metrostation: Gare Centrale oder Parc

▢ *Der König weilt im Land, die Fahne machts bekannt*

⑳ Palais Royal und Parlament ★   [H7]

Hinter dem Place Royal schließt sich das Quartier Royal mit dem **Königspalast** (Palais Royal) an, in dem die Königsfamilie zwar nicht wohnt, aber gern repräsentiert. Außerdem verfügt der Palast über einige Apartments, in denen ausländische Staatsgäste untergebracht werden können. Auch haben König und Königin hier ihre Arbeitszimmer. Wenn der König gerade in Belgien ist, weht über dem Palast eine Fahne.

An Stelle des Königspalastes stand einst die prächtige Herzogsburg der Burgunder und Habsburger, die im Jahr 1731 ein Feuer vernichtete. Auf ihren Fundamenten baute man schließlich neue Residenzen, die immer wieder verändert und erweitert wurden. Sein heutiges Aussehen erhielt der Palast 1934 unter König Albert I. Die Pracht im Inneren ist auch heute noch beeindruckend, vor allem im üppig ausgestatteten **Thronsaal** mit den Reliefs des Künstlers Auguste Rodin oder im **Spiegelsaal**, den seit gut zehn Jahren ein Panzer von Skarabäen ziert, ein Werk des Künstlers Jan Fabre. Leider steht der Königspalast nur im Sommer, wenn der Regent im Urlaub ist, für Besucher offen. Gegenüber des Königspalastes, auf der anderen Seite des Parc de Bruxelles (s. S. 44), findet sich der Palast der Nation (Palais de la Nation), das **belgische Parlament**, dessen Sitzungssäle ebenfalls von königlicher Pracht sind. Auch hier sind Besichtigungen nur am Nationalfeiertag (21. Juli) oder nach besonderer Anmeldung möglich.

❯ Palais Royal, Rue Bréderode 16, Tel. 02 5512020, www.monarchie.be, Metrostation: Parc oder Trone

076br Abb.: gs

㉑ Notre Dame
du Sablon ★★★   [G7]

Die Marienkirche Unserer Lieben Frau vom Sand gilt als eines der schönsten spätgotischen Gotteshäuser Belgiens. Ihr heutiges Aussehen verdankt sie allerdings einem architektonischen Facelifting Ende des 19. Jahrhunderts, das ihr neue Erker, Glockentürme und eine Fassade im Flamboyantstil bescherte. Heute ist hier Brüssels populärste Marienfigur zu Hause. Eine angeblich wundertätige Muttergottes-Statue, die man einst aus Antwerpen raubte.

Schon im frühen 14. Jh. hatte die Gilde der Armbrustschützen hier eine Kapelle errichtet, die ein Jahrhundert später durch einen größeren Bau ersetzt werden musste. Der Zustrom an Gläubigen zu einer 1348 in Antwerpen gestohlenen Muttergottesfigur, der man Krankenheilungen und andere Wunder zuschrieb, war schließlich zu groß geworden. Der sandige Untergrund gab der Marienkirche damals auch ihren Beinamen.

Baulich wurde das Gotteshaus immer wieder verändert, bis es Ende des 19. Jh. sein heutiges Aussehen fand. Gilden und Mäzene fühlten sich der Erhaltung und Erweiterung der Kirche lange Zeit verpflichtet. Zu ihren größten Förderern zählte das im Postwesen zu großem Vermögen gekommene Adelsgeschlecht der **Thurn und Taxis,** das immer wieder mal eine Seitenkapelle spendierte und dafür in der Kirche beerdigt werden durfte.

Immer wieder begegnet man in der Kirche Darstellungen einer Frau mit einer Muttergottesfigur in einem Boot. Sie erinnern an den mittelalterlichen Raub der Marienstatue aus Antwerpen, einem mittelalterlichen Gnadenbild, dessen Diebstahl auch den berühmten **Ommegang** (s. S. 12), eines der schönsten belgischen Historienfeste, begründet haben soll. In der Kirche befinden sich außerdem die Gebeine der **heiligen Wivine**

Erlebenswertes im Zentrum

040br Abb.: gs

(1103–1170), die unter anderem gegen Hals- und Augenkrankheiten angerufen wird.

Im Schatten der Kirche, auf dem Place du Grand Sablon, findet jedes Wochenende ein **Antiquitätenmarkt** statt. Gravierte Gläser, Vasen, alte Grammophone, Porzellan, Gold-, Silber- und Elfenbeinschmuck, Ledertaschen, Perlen und Pelze, Bücher und Postkarten sind unter anderem im Angebot, kein Ramsch wie auf anderen Märkten. Rund um den Platz finden sich schöne **Geschäfte** und feine **Cafés**, im Sommer mit Außenterrassen. Auch einige **Schokoladenmanufakturen** haben hier ihren Sitz – allen voran Marcolini (s. S. 19), der gleich auf zwei Stockwerken sein teures Naschwerk anbietet. Schokolade aus exotischen Kakaobohnen, die Helfer mit weißen Handschuhen Stück für Stück in edle Kartonagen stecken.

Gegenüber der Kirche, auf der anderen Seite der Rue de la Régence, liegt der Place du Petit Sablon. Ein von einem handgeschmiede-

ten Eisengitter umgebener Minipark (s. S. 46). An ihn grenzt das **Palais d'Egmont** (Egmont-Palast), das heute zum belgischen Außenministerium gehört und gern als Konferenzort genutzt wird.

› Notre Dame de Sablon, Rue de la Régence 38 (Place du Grand Sablon), Tel. 02 2793010, Besichtigung: tgl. 9–18.30 Uhr, Messe: tgl. 18.30 Uhr, Metrostation: Porte de Namur

KLEINE PAUSE

Stilvoll speisen

In einem Haus aus dem 17. Jahrhundert findet sich am Place du Grand Sablon **eines der besten Restaurants im Viertel**, in dem auch Belgiens Königsfamilie hin und wieder zu Gast ist. L'Ecailler du Palais Royal (s. S. 29) bietet Fischgerichte vom Feinsten, die in immer neuen Variationen auf den Tisch kommen. Exzellent ist der Service, den vor allem ältere Gäste zu schätzen wissen – und viele Lobbyisten, die im ersten Stock diskret ihre Geschäfte pflegen.

㉒ Notre Dame de la Chapelle ★ [G7]

Die Kirche Unserer Lieben Frau zur Kapelle hat von allen Brüsseler Kirchen die größte romanische Substanz. Populär wurde das Gotteshaus als **Grabstätte Pieter Brueghels d. Ä.** und seiner Gattin Mayken Coecke, auf die eine Gedenktafel in einer Kapelle des südlichen Seitenschiffes verweist. Beide hatten hier auch geheiratet. Sehenswert im Inneren sind die alten **Marienstatuen** – unter anderem eine Madonna aus dem 15. Jh. oder die berühmte „Nuestra Señora de Soledad", die ein spanischer Bildhauer Mitte des 16. Jh. im Auftrag der Gattin Philipps II. von Spanien schuf. Außerdem findet sich hier die letzte Ruhestätte des 1719 auf dem Grand' Place hingerichteten Franz Anneessens, der damals für die Unabhängigkeit der Stadt Brüssel gekämpft hatte.

❯ Place de la Chapelle, Besichtigung: täglich 9–19 Uhr, Metrostation: Anneessens

㉓ Place du Jeu de Balle ★ [F8]

Der Platz ist das **Herz der Marollen**, des traditionellen Brüsseler Arbeiterviertels, und ringsum laden Cafés und urige Kneipen. Touristen aber zieht es wegen des **täglichen Flohmarkts** hierher, auf dessen Wühltischen sich freilich mehr Kitsch als Kunst findet. „Viertel des einfachen Volkes" nennen sich die Marollen selbstbewusst oder auch „Quartier Brueghel" – lag doch in der dem Platz benachbarten Rue Haute das Wohnhaus des berühmten flämischen Malers **Pieter Brueghel d. Ä.**, den man wegen seiner vielen Darstellungen des bäuerlichen Lebens später auch den „Bauernbrueghel" nannte. In diesem Haus kam 1564 auch Pieter Brueghel d. J. zur Welt, den man den „Höllenbrueghel" nannte. Obwohl sein Vater starb, als er noch ein kleines Kind war, verdiente der Sohn sein Geld hauptsächlich mit den Kopien der Bilder seines Vaters.

Der Name Marollen erinnert übrigens an die marianische Kongregation **Maria Colentes** (Marikollen), eine **Nonnengemeinschaft**, die sich in diesem Stadtteil einst um Kranke und Prostituierte kümmerte, denn das Viertel vor den Toren der Altstadt war lange eine Problemzone, hoffnungslos übervölkert und bis 1870 ohne fließendes Wasser. Heute ist es ein Wohn- und Geschäftsviertel mit vielen kleinen Trödelläden, die oft allerdings Kitsch anbieten. Auch als abendliches **Ausgehviertel** machen sich die Marollen inzwischen immer mehr einen Namen. Vor allem kleine Bierbars locken hier den Nachtbummler.

❯ Metrostation: Porte de Hal oder Louise

㉔ La Porte de Hal ★ [F9]

Am Südeingang der Kernstadt findet sich das alte **Stadttor**. Es ist das einzige Tor, das von der mittelalterlichen Stadtmauer übrig geblieben ist. Heute beherbergt es ein modernes Museum zur Geschichte der Stadtumwallung, das für historisch Interessierte immer eine Stippvisite wert ist. Von oben hat man einen wunderschönen Blick auf die Stadt.

❯ La Porte de Hal, Boulevard du Midi 150, Tel. 02 5341518, www.kmkg-mrah.be/halle-gate, Di.–Fr. 9.30–17, Sa./So. 10–17 Uhr, Eintritt 5 €, Metrostation: Porte de Hal

◁ *Der Place du Petite Sablon: Brüssels schönster Minipark*

㉕ Justizpalast ★★★ [G8]

Mit einer Fläche von 26.000 Quadratmetern gilt der Brüsseler Justizpalast als der weltweit größte Monumentalbau des 19. Jh. Seit 2008 gehört Belgiens wichtigstes Justizgebäude zum Weltkulturerbe. Für Brüsselbesucher ist der eklektizistische Monumentalbau nicht zu übersehen: ein architektonisches Meisterwerk, dessen Vollendung sein Planer freilich nicht mehr erlebte.

König Leopold II. hatte den Palastbau Mitte des 19. Jh. beim Architekten Joseph Poelaert in Auftrag gege-

ben, der 1866 mit dem Bau begann. Als Ort hatte man den mittelalterlichen **Galgenberg** gewählt, wo bis ins 16. Jh. die Todesurteile vollstreckt wurden. Tausende von Wohnungen mussten für den Bau weichen, der bestehend aus fast 9000 Tonnen Eisen und zahllosen Steinquadern 1883 endlich Gestalt annahm: **27 Gerichtssäle**, viele Hundert weitere Räume und acht Innenhöfe. Zum Prunkstück geriet die gigantische **Eingangshalle** mit ihrer mehr als hundert Meter hohen Kuppel. „Wer hier Recht sucht", urteilte ein Kritiker, „kann froh sein, wenn sein Anliegen überhaupt wahrgenommen wird – das lässt die Architektur dieses Gebäudes wissen. Vor dem Gesetz mögen alle Menschen gleich sein, vor dem Brüsseler Justizpalast sind sie alle gleich kümmerlich."

Heute ist der Palast, der noch immer als Gerichtsstätte dient, frei zugänglich. Zwischen den Pfeilernischen der Eingangshalle finden sich breite Tische und Bänke, die nicht nur Advokaten und ihren Mandanten zur Verfügung stehen, sondern auch dem Besucher, der hier ungestört in seinem Reiseführer blättern kann – oder die Urlaubspost erledigen.

❯ Palais de Justice, Place Poelaert 1, Tel. 02 5086578, www.justice-en-ligne.be, Öffnungszeiten: Mo.–Fr. 9–17 Uhr (Juli geschlossen), Metrostation: Louise

◁ *Der „Saal der verlorenen Schritte" im Justizpalast*

▷ *Die Autoworld beherbergt Belgiens größte Oldtimersammlung*

㉖ Parc du Cinquantenaire – Jubelpark ★★ [L7]

Der Jubelpark wurde zum **50. Jubiläum des belgischen Staates** angelegt und sollte allen Nationen die Weltoffenheit der Belgier demonstrieren. Seine Krönung sollte der **Triumphbogen** sein, weil König und Regierung sich aber jahrelang über die Baukosten stritten, wurde der Blickfang des Parks erst 1905 fertig. Weitgereiste Betrachter erinnert das wuchtige Tor an eine Mischung aus Brandenburger Tor und dem Pariser Arc de Triomphe.

Die **neoklassizistischen Ausstellungshallen** rechts und links der Seitenkollonaden kamen später hinzu und ersetzten die Pavillons von 1880. Heute beherbergen sie drei sehenswerte Museen: das Armeemuseum ㉙, die Autoworld ㉗ und das Museum für Königliche Kunst und Geschichte ㉘. Außerdem findet sich im Jubelpark **Brüssels älteste Moschee,** die 1880 als „orientalischer Pavillon" im Rahmen der damaligen Weltausstellung erbaut wurde. Seit 1978 dient sie als Gotteshaus, Kultur- und Bildungszentrum. Ebenfalls im Park steht der **„Pavillon der menschlichen Leidenschaften",** eines der ersten Werke des Jugendstilkünstlers Victor Horta.

❯ Metrostation: Merode oder Schuman

042 hr Abb.: gs

㉗ Autoworld – Centre mondial de l'automobil ★★★ [L7]

Da schlägt das Herz jedes Oldtimerfans höher! Mit mehr als 250, größtenteils noch fahrtüchtigen Fahrzeugen gilt Brüssels Automobilmuseum als eines der schönsten der Welt.

Gigantisch ist auch der Museumsbau, eine **beeindruckende Stahlkonstruktion** von 1880, die ihren ganzen Reiz bei einem Rundgang um die Hallenbalkone entfaltet. Die Halle bot früher ausschließlich Platz für Autoausstellungen, heute nutzt man sie auch gern für Firmenpräsentationen. Aber auch dann stehen die Autos im Mittelpunkt: blitzblank aufgemöbelte Edelkarossen aller Provenienz und Bauart, vom Feuerwehrauto bis zum Prunkwagen. Hier lässt sich die **Geschichte des Automobils** von seinen Anfängen bis in die Gegenwart verfolgen. Zu den ältesten Modellen gehören eine Renault-Limousine mit Kutschenchassis aus dem Jahr 1908 oder ein Opel Jahrgang 1911 mit weißen Gummireifen und einem Tageskilometerzähler am Vorderrad. „Komissbrot" war der Spitzname eines Hanomags von 1925. Horch lieferte die Generalstabsfahrzeuge im Zweiten Weltkrieg, Volkswagen die ersten Nachkriegskäfer, Messerschmitt die Kabinenroller der 1950er-Jahre. Neben den Fahrzeugen für jedermann zeigt die Autoworld aber auch die **Wagen der VIPs** – Sonderanfertigungen für die belgische Königsfamilie oder eine für den Schah von Persien gefertigte, aber nie ausgelieferte Luxuskarosse.

❯ Parc du Cinquantaire 11, Tel. 02 7364165, www.autoworld.be, April–September tgl. 10–18, Oktober–März Mo.–Fr. 10–17 Uhr, Sa./So. 10–18 Uhr, Eintritt 9 €, Metrostation: Merode oder Schuman

Muscheln bei Le Zinneke

Im Stadtteil Schaerbeek liegt **Brüssels Muschelparadies Le Zinneke** (s. S. 31) – ein uriges Restaurant, das Muscheln aus Seeland mit hausgemachten Soßen aus Genever, Wodka, Weißwein, Brüsseler Bieren oder Armagnac anbietet. Gewürzt wird mit Sambal Oelek, Piri-Piri, Pfeffer oder Knoblauch. Der Preis pro Muschelgericht beträgt ca. 20 €. Ein Abstecher in einen touristisch kaum belebten Stadtteil, der sich gastronomisch auf alle Fälle lohnt. Reservierung angeraten!

28 Musées Royaux d'Art et d'Histoire (Königliche Museen für Kunst und Geschichte) ★★   [L7]

Mehr als hundert Säle umfassen die Sammlungen der Königlichen Museen für Kunst und Geschichte im Jubelpark, aufgeteilt in mehrere **große Abteilungen.** Belgiens Frühgeschichte bis zu den Merowingern dokumentiert die Abteilung „Nationale Archäologie". Die Kunstgewerbeabteilung zeigt Wandteppiche, religiöse Kunst, edelste Brüsseler Spitze und Jugendstil vom Feinsten. In der Antikensammlung finden sich Schätze aus dem Nahen Osten, Ägypten, Griechenland und Italien, das unter anderem mit einem Modell des alten Rom aufwartet. In die Abteilung „Nicht-Europäische Zivilisation" gehört z. B. eine 6 Tonnen schwere Originalstatue von der Osterinsel. Relativ neu ist die Sammlung zur Islamischen Welt. Highlight ist die **Kutschensammlung** – unter anderem mit der Hochzeitskutsche Napoleons III.

› Parc du Cinquantenaire 10, Tel. 02 7417211, www.kmkg-mrah.be, Di.–Fr. 9.30–16, Sa.–So. 10–16 Uhr, 5 €, Metrostation: Merode oder Schuman

29 Musée Royal de l'Armée et d'Histoire Militaire (Königliches Museum für Armee- und Militärgeschichte) ★   [L7]

Militärausrüstungen aus einem Jahrtausend Kriegsgeschichte zeigen die weiten Hallen des Heeresmuseums. Es entstammt einer Zeit, in der Säbelrasseln noch schick war. Anlässlich der Weltausstellung 1910 sollte die Sammlung Belgiens militärische Vergangenheit ins rechte Licht rücken. Später kamen neue Attraktionen hinzu wie die große Ausstellung **historischer Flugzeuge.** Wer Panzerwagen und Kriegsschiffe ebenso mag wie alte Armeeuniformen ist hier richtig!

› Parc du Cinquantenaire 3, Tel. 02 7377833, www.klm-mra.be, Di.–So. 9–12 und 13–16.45 Uhr, Eintritt frei, Metrostation: Merode oder Schuman

30 Europaviertel mit Parlamentarium ★★★   [J7]

Aus einer Jahrzehnte währenden Baustelle, auch wenn sie noch nicht ganz verschwunden ist, hat sich **ein ganz neues Stadtquartier** geschält: das Europaviertel mit dem Sitz der Europäischen Union und des Europaparlaments (s. S. 59). Von den Wochenenden und Ferienzeiten einmal abgesehen, brodelt hier das politische Leben, geben sich Diplomaten, Lobbyisten und Parlamentarier die Klinke in die Hand.

Seit Ende 2011 gibt es für alle Brüssel-Besucher zudem eine lohnenswerte Anlaufstelle: Das Parlamentarium, das **größte parlamentarische Besucherzentrum Europas.** In 23 Sprachen wird hier über die Entwicklung und Arbeit des Europaparlaments, das häufig im benachbarten Gebäude tagt, informiert. Die **völlig**

barrierefreie und kostenlose Ausstellung spricht vor allem junge Besucher an, deren Lebenswelten die vielen digitalen und virtuellen Botschaften entgegenkommen. 1400 meist farbige Fotos und 90 Kurzfilme erzählen aus dem Leben der Abgeordneten, aber auch aus dem Leben der Europäer. Kern des Museums ist neben einer **360-Grad-Surround-Projektion** eine **210 Quadratmeter große Europakarte**, die mit Hilfe von interaktiven Terminals individuell belebt werden kann. Filme zeigen dem Betrachter dann das Leben bei den Lappen Schwedens ebenso wie bei den Fischern am Mittelmeer. So schön ist Europa! Am Schluss kann jeder Besucher seine Zukunftswünsche an Europa einem elektronischen Tagebuch anvertrauen. Selbstverständlich gehören zum neuen Museum auch eine große Cafeteria und ein Museumsshop, wo es T-Shirts, Taschen, Fahnen und andere Mitbringsel gibt.

❯ Parlamentarium, Rue Wiertz 60, Tel. 02 2832222, www.europarl.europa.eu, Mo. 13-18, Di.–Fr. 9-18, Sa.–So. 10–18 Uhr. Metrostation: Trone oder Maelbeek

㉛ Musée des Sciences Naturelles (Naturwissenschaftliches Museum) ★★★ [J8]

Saurier haben es berühmt gemacht, heute glänzt es zudem mit einer interaktiven Schau zur Erdgeschichte: Brüssels Museum für Naturwissenschaften. Neben der größten Dinosaurierausstellung Europas lockt eine interessante Reise durch die Evolution, von den ersten Spuren des Lebens bis zur Zukunft, die Beesucher in das Museum. Vor allem Kinder kommen hier auf ihre Kosten.

„Haben Sie Lust, einen Blick in den Rüssel eines Mammuts zu werfen? Einem Büffel in die Augen zu blicken oder in die Haut eines Neandertalers zu schlüpfen? Dann zögern sie nicht länger!", wirbt das Museum um Besucher. Publikumsmagnet, vor allem bei den Jüngeren, aber ist die große **Dinosaurier-Schau** mit den Skeletten von rund dreißig Urzeitviechern.

1877 hatten Wissenschaftler in einer belgischen Kohlengrube Hunderte von Knochen aus der frühen Kreidezeit entdeckt, die man sorgsam eingipste und später in einem Kloster zusammensetzte. Aus dem Kloster von einst ist inzwischen eines der bedeutendsten naturwissenschaftlichen Museen der Welt geworden.

△ *Das Parlamentarium führt den Besucher auf eine virtuelle Entdeckungsreise durch Europa*

Neben der Galerie der Dinosaurier sollte man die sehenswerte Dauerausstellung über die **Geschichte des Lebens** nicht versäumen. Mehr als 1000 originale Ausstellungsstücke, Videoanimationen und interaktive Terminals führen den Besucher dort durch die Erdgeschichte. In Sprüngen von anfangs rund 100 Millionen Jahren geht es im Zeitraffer durch die Frühzeit. Für die Ausstellungsmacher ist die Chemie der Ursprung des Lebens, das langsam Gestalt annimmt und sich immer wieder verändert. Ihre Schau erzählt von den ersten Fischen und Vögeln, von Mammuts und anderen Riesensäugern, von einer Welt, in der es noch keine Menschen gab. Viele der präsentierten Funde stammen aus Deutschland, vor allem aus der Grube Messel bei Darmstadt.

Ausgestopfte Mastschweine neben Wildschweinen zeigen, was schließlich der **Mensch** aus der Natur gemacht hat. Vom Zoll beschlagnahmte Elfenbeinzähne dokumentieren den **Raubbau an der Natur**, die mit Mutationen darauf antwortet. So sind nach den Erkenntnissen der Ausstellungsmacher die Elefantenzähne in den letzten Jahren deutlich kleiner geworden. Sogar einen **Blick in die Zukunft** wagt die Dauerausstellung, in dem sie am Ende des Rundgangs durch die Erdgeschichte Tiere zeigt, wie sie nach wissenschaftlich prognostizierten Mutationen einmal aussehen werden. Die Schau krönt ein eindrucksvoller Film, der im Zeitraffer durch die Erdgeschichte führt.

❯ Rue Vautier 29, Tel. 02 6274238, www.naturwissenschaften.be/museum, Di.–Fr. 9.30–17, Sa.–So. 10–18 Uhr (Achtung: in den Schulferien geänderte Zeiten), Eintritt 7 €, Metrostation: Maelbeek oder Trone

⌂ *Das Paleo Lab im Naturwissenschaftlichen Museum – ein Paradies für Kinder*

🟤 **Place Flagey** ★★ [J9]

Der Place Flagey ist inzwischen zu einem der wichtigsten **Treffpunkte** der Stadt geworden. Das verdankt er nicht nur seiner Umgebung wie den **Weihern von Ixelles** und den angrenzenden Jugendstilbauten, sondern vor allem dem **Kulturzentrum Flagey** (s. S. 37), einem einmalig schönen Art-déco-Gebäude, in dem einst der belgische Rundfunk untergebracht war. Früher nannten es die Einheimischen „Paquebot", liegt das Gebäude doch wie ein Ozeandampfer am nördlichsten der Weiher von Ixelles. Die Tonfabrik galt als eine der besten der Welt. Wegen seiner Akustik ist das Flagey auch heute wieder nach gründlicher Renovierung ein geschätzter Konzertsaal. Wer ein Faible für den **Jugendstil** hat, sollte die nahe Rue Belle Vue oder die Rue du Lac durchstreifen und im Sommer sind die Wiesen um die beiden Weiher begehrte **Ruhezonen** vor allem junger Müßiggänger. Abends laden die vielen Restaurants und Kneipen in der Umgebung den Citybummler ein.
❯ Tram 81 oder Buslinien 38, 59 60, 71

🟤 **Avenue Louise** ★★ [G8]

Mitten durch Ixelles führt die **Nobelmeile** Brüssels vom Place Louise zum Bois de la Cambre, eine der grünen Lungen der Stadt. 1864 wurde die Prachtstraße gebaut, die man als Pendant zur Champs-Elysées in Paris verstand. Anfangs war es eine von Kastanien gesäumte Allee, die der König auf seinem Weg vom Schloss in den Stadtwald nutzte. Vom einstigen Glanz zeugen heute noch ein paar **architektonische Meisterwerke** wie das Hotel Solvay (Avenue Louise 224). Ein Meisterwerk des Jugend-

stilarchitekten **Victor Horta**, der auf dem Friedhof von Ixelles begraben liegt. Nur ein paar Meter weiter, in der Rue Paul Emile Janson 6, findet sich ein weiteres Werk Hortas, das Hotel Tassel, das erstmals die ganze Formensprache des Architekten zeigte.

Am mondänsten wirkt die Avenue Louise rund um den **Place Louise**, wo sich die **Markenartikler** und **Designershops** ballen. Hier befinden sich Läden von Dior, Ferragano, Versace und Chanel und Handtaschen für 15.000 € liegen neben anderen Luxusartikeln in den Schaufenstern.
❯ Metrostation: Louise

🟤 **Abbaye de la Cambre** ★ [J11]

Im Süden des Stadtteils Ixelles findet sich die Abtei von Cambre. Das alte **Zisterzienserkloster** dient heute Studenten als Ausbildungsstätte. Sehenswert ist der Kreuzgang aus dem 17. Jahrhundert, der kostenlos besichtigt werden kann. Hinter der Abtei beginnt der **Bois de la Cambre**, Brüssels Stadtwald mit vielen grünen Wiesen. Die Straßen durch das Erholungsgebiet sind an den Sommerwochenenden gesperrt, ideale Verhältnisse also für Radler und Skater.
❯ Metrostation: Delta

KLEINE PAUSE

Café Belga

Das Café im alten Rundfunkgebäude am Place Flagey ist heute eine der ersten Adressen für Citybummler im Stadtteil Ixelles. Studenten und Bohemiens treffen hier auf Touristen und Backpacker, die im Café Belga (s. S. 32) ausspannen. Für Laptopbesitzer gibt es einen kostenlosen WLAN-Zugang, für Zeitungsleser täglich eine große deutsche Tageszeitung.

Auf den Spuren Victor Hortas

In Brüssel erlebte der **Jugendstil** eine seiner Blütezeiten. Hunderte von Bauten zeugen noch heute von der kulturellen Neuorientierung. Die schönsten stammen von **Victor Horta (1861–1947)**, dem großen Brüsseler Architekten. Wohnhäuser, Restaurants, Cafés und Warenhäuser entwarf er, kunstvolle Bauten wie das Haus des Stoffhändlers Waucquez in der Rue des Sables, in dem sich heute Belgiens Comic-Zentrum ⑬ befindet. **Art Noveau** nannten die Franzosen den neuen Kunststil und in Paris lernte auch Horta als junger Mann die neue Architektur kennen, die Arbeit mit Stahl und Glas. Nach dem Tod seines Vaters kehrte Horta nach Brüssel zurück, wo er mit seinem künstlerischen Ziehvater, dem königlichen Architekten und Professor **Alphonse Balat,** die Botanischen Gärten für das Königsschloss entwarf.

Bald darauf machte Horta sich selbstständig. Zu seinen ersten Werken gehörte der **„Pavillon der menschlichen Leidenschaften"** im Jubelpark. Da Horta demselben Künstlerkreis wie der Maler James Ensor und der Designer Henry van de Velde angehörte, pflegte er anfangs eine Vorliebe für **sozialistische Ideen.** So baute er das „Maison du Peuple", den Parteipalast der Sozialisten, als Luxusherberge. Schon bald aber baute der gebürtige Genter wieder für **Geschäftsleute und Unternehmer,** die sich von ihm ihre Villen „maßschneidern" ließen. Es entstanden Prachtbauten, die ganze Straßenzüge bis heute prägen.

Stadtrundfahrten führen heute ebenso wie Spaziergänge zu den schönsten Zeugen der Architekturepoche. Nicht versäumen sollte man den Besuch von

Hortas Wohnhaus, in dem seit 1969 ein Museum ㉟ an den großen Künstler erinnert. Das Haus steht unter dem Schutz des Weltkulturerbes, ebenso wie drei weitere Bauwerke des Architekten: das Hotel Tassel (Rue Paul-Emile Janson 6), Hotel Solvay (Avenue Louise 224) und Hotel von Eetvelde (Rue du Palmerston 2-6).

Relativ neu im Besichtigungsprogramm ist das Maison Autrique (Chausée de Haecht 266, Mi.-So. 12-17.30 Uhr, Eintritt: 6 €), das Horta als 32-jähriger Jung-Architekt baute. Das Haus im Stadtteil Schaerbeeck wurde innen und außen so weit wie möglich originalgetreu restauriert und beherbergt häufig Ausstellungen zu Hortas Leben und Werk.

③⑤ **Musée Horta** ★★★ [G10]

Kein anderer Baumeister hat Brüssel – vor allem seinen Stadtteilen Ixelles und St.-Gilles – stärker seinen Stempel aufgedrückt als Victor Horta. Alle seine Bauten stehen heute unter Denkmalschutz, einige gehören gar zum Weltkulturerbe. Von der Philosophie des einstigen Trendsetters zeugt sein Wohnhaus, das heute Museum ist.

Wohnung und Atelier des **Architekten** geben Einblick in die Welt des renommierten Jugendstilvertreters. Ein Teil der Inneneinrichtung im Wohnhaus ist authentisch – so wie Fenster, Möbel und Wandmalereien. Zum Museum gehören auch ein Forschungszentrum, viele seiner Baupläne und Hortas Archiv, zumindest was davon übrig geblieben ist, 1945 hatte der Stararchitekt nämlich einen Großteil seiner Unterlagen vernichtet.

Der **Stadtteil Saint-Gilles**, in dem sich das Horta-Museum befindet, diente bis ins 19. Jh. als Brüssels Gemüsegarten. Mit der Industrialisierung siedelten sich dann Handwerk und Handel hier an. Die meisten der alten Firmen aber haben das neue Jahrtausend nicht erlebt. Einige Gebäude nahmen Künstler und Kulturinitiativen in Beschlag, andere Gastronomen. Kern des Viertels ist der Platz vor der Kirche Saint-Gilles (Parvis de l'église Saint-Gilles) an der gleichnamigen Metrostation, wo vormittags täglich ein kleiner Markt ist.

❭ Musée Horta, Rue Américaine 25, Saint-Gilles, Tel. 02 5430490, www.horta-museum.be, Di.–So. 14–17.15 Uhr, Eintritt: 8 €. Metrostation: Horta

◁ *Jugenstilfassade im Stadtteil Ixelles*

③⑥ **Gare du Midi (Südbahnhof)** ★ [E8]

Der moderne Bahnhof ist Brüssels Tor zur Welt. Bruxelles-Midi/Brussel-Zuid heißt er zweisprachig ganz offiziell, angeschlossen sind eine Metrostation (Gare du Midi/Zuidstation) und eine eigene Straßenbahnhaltestelle. Verkehrstechnisch gleicht der Bahnhof einem Flughafen, hat er doch einen eigenen **IATA-Code:** ZYR, den er den schnellen Zügen **Thalys, ICE, TGV** oder **Eurostar** verdankt, die den Reisenden von hier in kürzester Zeit in die Kapitalen Europas bringen. Vor dem Bahnhof reckt sich Belgiens angeblich höchstes Haus, der **Tour du Midi**, 150 Meter hoch in den Himmel – ein Büroturm für bis zu 2500 Angestellte.

❭ Metrostation: Gare du Midi

Sonntagsbrunch mal anders
Jeden Sonntag von 10 bis 16 Uhr treffen sich die Menschen aus Saint Gilles in einer Art Kulturzentrum zum Brunch. Hier ist man Brüssel ganz nahe, kommt man bei Kaffee und Rührei mit den Einheimischen schnell in Kontakt. Künstler und Intellektuelle schätzen das Forum im Hinterhof inklusive kleinem Biomarkt ebenso wie Abgeordnete und Familien.

● **129** [E9] **La Tricoterie,** Fabrique de Liens, Rue Théodore Verhaegen 158, Tel. 486882996, www.latricoterie.be. In der Woche, vor allem montags, regelmäßig Theater oder Konzerte.

Entdeckungen außerhalb des Zentrums

37 Basilique Nationale du Sacré-Cœur de Koekelberg ★★ [B2]

„Koekelbergbasilika" nennt der Volksmund **eine der größten katholischen Kirchen der Welt.** Schließlich steht die Nationalbasilika des Heiligen Herzens im Stadtteil Koekelberg. Zum 75-jährigen Jubiläum Belgiens sollte sie nationalen Stolz verkörpern. König Leopold II. hatte ursprünglich den Bau eines **Pantheons** angeregt, zu dem man 1905 den Grundstein legte. Dann aber entschied man sich, doch besser eine Kirche daraus zu machen. Neugotisch sollte diese ursprünglich sein, doch mit jedem Baujahr und jedem neuen Architekten änderte sich das. Als man 1970 die Kuppel vollendete, war eines der seltsamsten Bauwerke Brüssels fertig – ein **gigantischer Stilmix,** der allein schon durch seine Größe beeindruckte: 141 Meter misst das Hauptschiff, 107 Meter das Querschiff, darüber liegt eine Kuppel, die der Kirche gut 90 Meter Höhe verleiht. **Monumental** wie das Äußere präsentiert sich auch das Kircheninnere, in dem Platz für gut 2000 Gläubige ist. **Zwei Museen** laden zum Besuch: das Museum der „Schwarzen Schwestern", das an einen im Rheinland gegründeten Frauenorden erinnert, und das Museum für moderne religiöse Kunst, das unter anderem Werke von Miró, Tàpies und Ensor zeigt. Nicht versäumen sollte man die Besteigung der Kuppel, von der aus man einen **traumhaften Blick auf Brüssel** hat.

❯ Parvis de la Basilique 1, Tel. 02 4211667, www.basilicakoekelberg.be, tgl. 9–16.30 Uhr (im Winter 10–15.30 Uhr), Kuppelbesteigung: 5 €, Metrostation: Simonis. Das Museum für religiöse Kunst ist Do., Fr. und Sa. von 14 bis 16 Uhr oder nach Vereinbarung zu besichtigen. Das Ordensmuseum ist nur mittwochs von 14 bis 16 Uhr geöffnet.

38 Schloss Laeken und Kirche Notre-Dame de Laeken ★ [S. 136]

Mitten im Grünen liegt Schloss Laeken, der **Wohnsitz der belgischen Königsfamilie.** Breite Alleen verbinden das Schloss mit dem Königspalast 20 in der Stadt. Ende des 18. Jahrhunderts wurde das Schloss im neoklassischen Stil erbaut, um dem niederländischen König hin und wieder als Residenz zu dienen. Nach der Revolution 1830 wurde es Herrschaftssitz des ersten belgischen Königs Leopold I., dessen Sohn die Anlage erweiterte und auch die berühmten Gewächshäuser bauen ließ, die im Frühjahr besichtigt werden können. Das Schloss selbst ist nicht für Besucher zugänglich.

Vom Schloss führt die Avenue du Parc Royal zur Kirche **Notre-Dame de Laeken** (Liebfrauenkirche), de-

EXTRATIPP

Ab in den Gourmethimmel

Jean-Pierre Bruneau (s. S. 29) hat Werbung nicht nötig. Fotos von Prinz Charles und des spanischen, belgischen und dänischen Königspaares zeigen, wer hier schon gespeist hat. Auch wenn der Meister inzwischen nur noch einen Michelin-Stern hat, sind seine Kreationen noch immer eine Stippvisite wert. Mittags gibt es für 45 € ein Drei-Gang-Menü vom Sternekoch. **Preiswerter** kommt man selten in den europäischen Gourmethimmel!

ren Krypta zahlreiche **Gräber der Königsfamilie** beherbergt. Das Gotteshaus war von König Leopold I. bereits als königliche Grabstätte geplant worden. Zu diesem Zweck hatte man einen Wettbewerb ausgeschrieben, den der junge Architekt Joseph Poelaert, der Baumeister des gigantischen Justizpalastes **25**, gewann. 1872 wurde das Gotteshaus geweiht, zu dessen Schätzen eine als „Notre Dame de Laeken" bekannt gewordene **Marienstatue** aus dem 13. Jahrhundert zählt.

❯ Eglise Notre Dame de Laeken, Parvis Notre Dame, Tel. 02 4792362, www. ndlaeken-olvlaken.be, Di.–So. 14–17 Uhr, Krypta gewöhnlich nur So. 14–17 Uhr, Metrostation: Bockstael

39 Atomium ★★★ [S. 136]

Weithin sichtbar ist das Atomium: ein 102 Meter hohes Modell eines 165 Milliarden Mal vergrößerten Eisenkristallmoleküls. Es ist Brüssels Wahrzeichen und Ziel fast jeder Stadtrundfahrt. Zur Weltausstellung 1958 wurde es als Zeichen für das neue Atomzeitalter errichtet, aber auch als Mahnung zur friedlichen Nutzung der Kernenergie.

Die alte Aluminiumhaut hat man dem Bauwerk inzwischen abgezogen und sie durch Edelstahl ersetzt. Nachts leuchten die **neun Kugeln** des Atomiums, von denen jede 18 Meter im Durchmesser misst. Die meisten von ihnen sind begehbar und laden zu Dauer- und Wechselausstellungen ein. In den 23 Meter langen **Röhren**, welche die Kugeln verbinden, verlaufen zumeist Rolltreppen. In der größten findet sich zudem ein Aufzug, der den Besucher in nur 25 Sekunden zur obersten Kugel bringt, in der sich ein nicht ganz preiswertes **Res-** **taurant** findet. Allerdings zahlt man hier wohl vor allem für den wirklich spektakulären Ausblick, der an klaren Tagen bis Antwerpen reicht.

❯ Atomium Square, Tel. 02 4754775, www.atomium.be, tgl. 10–18 Uhr, 11 €, Kombiticket mit Mini-Europa **40** möglich, Metrostation: Heysel

40 Bruparck mit Mini-Europe ★★★ [S. 136]

Zu Füßen des Atomiums liegt das populärste Vergnügungsviertel Brüssels, der Bruparck. Kinos und ein riesiges Spaßbad finden sich hier neben Kneipen und Restaurants. Publikumsmagnet aber ist Mini-Europe, eine künstliche Miniaturwelt, in der alle EU-Staaten mit ihren Sehenswürdigkeiten vertreten sind.

Kinepolis, eine riesige Kino-Stadt, lockt vor allem abends die Massen. „The Village" nennt sich das Retortendörfchen nebenan, in dem man essen und trinken kann. Océade (s. S. 106) schließlich ist eines der größten belgischen Spaßbäder, in dem Jung und Alt auf großen und kleinen Wasserrutschen toben können. Die meisten Besucher aber kommen wegen Mini-Europe. Europa im Kleinen ist das, fast 100 Städte mit fast 350 Bauten – alle **im Maßstab 1:25 verkleinert**. In kurzer Zeit lassen sich so der Pariser Eiffelturm besichtigen, Londons Big Ben, Pisas Schiefer Turm, Amsterdams Grachten, Venedigs Dogenpalast, der irische Rock of Cashel, Portos Altstadt und Sevillas Stierkampfarena. Sogar Vulkane brodeln spektakulär. Österreich ist mit einer Nachbildung des Stiftes Melk vertreten, Deutschland unter anderem mit dem Brandenburger Tor, der Porta Nigra in Trier, der Eifel-Burg Eltz oder dem Dom zu

Speyer. Und auch die Berliner Mauer fällt hier Tag für Tag aufs Neue. Rund 300.000 Besucher im Jahr lassen sich das nicht entgehen

❯ Mini-Europe, Bruparck, Tel. 02 4780550, www.minieurope.com, März–Sept. 9.30–17 (Juli–August bis 19 Uhr), Okt.–Anfang Jan. 10–17 Uhr, 14,20 €, Metrostation: Heysel

☑ *Leider nur drei Wochen im Jahr sind die Gewächshäuser zugänglich*

41 Stade Roi Baudouin ⭐ **[S. 136]**

Neben dem Bruparck liegt das König-Baudouin-Stadion, das vor seinem Umbau als Heysel-Stadion bekannt war. 1972 sicherte sich Deutschland hier im Spiel gegen die Sowjetunion den ersten Europameister-Titel.

Traurige Berühmtheit erlangte es im Mai 1985, als bei einer Massenpanik während des Europapokalendspiels zwischen Juventus Turin

Königliche Gewächshäuser (Serres Royales) ⭐⭐⭐

*Wie ein **botanisches Versailles** wirken sie auf manchen Betrachter, die königlichen Gewächshäuser gegenüber dem Schloss. Einmal im Jahr, von Ende April bis Mitte Mai, öffnen sie für zwei bis drei Wochen ihre Tore für die Öffentlichkeit und die Besucher schieben sich im Gänsemarsch zu Zehntausenden durch die blühenden Refugien. Vorbei an bunten Blumen, entlang an in- und ausländischen Gewächsen, welche die Gärtner jedes Frühjahr zum Blühen bringen. **König Leopold II.** hatte die Gartenstadt in den 1870er-Jahren errichten lassen – ein Hort der Ruhe und Besinnung, bestehend aus verschiedenen Häusern, deren eiserne Gerippe filigrane Glasdächer überspannen. **Architektonische Schönheiten,** von denen sich auch Victor Horta inspirieren ließ, der als junger Mann im Büro des Gewächshausarchitekten arbeitete. Seine Wintergärten, die er später in manches Jugendstilgebäude integrierte, heißt es, hätte er sich hier abgeschaut.*

078br Abb.: gs

und dem FC Liverpool fast vierzig Fußballfans den Tod fanden. Daran erinnert hier eine Gedenktafel. Heute spielt im Stade Roi Baudouin die belgische Nationalmannschaft.

› Avenue de Marathon 135/2, Tel. 02 4743943, www.prosportevent.be, Di.–Do. 10–17, Fr.10–16 Uhr, nur nach Reservierung, Eintritt 6 €, Metrostation: Heysel

㊷ Palais Stoclet ★ [S. 136]

Seit Juni 2009 gehört die Villa des Bankiers und Kunstliebhabers Adolphe Stoclet zum **Weltkulturerbe**. Dies verdankt der 1911 fertiggestellte Bau seinem Rang als **Gesamtkunstwerk**, an dem Architekten wie Joseph Hoffmann und Künstler wie Gustav Klimt oder der Bildhauer Franz Metzner mitwirkten. Klimt zeichnet für die Mosaikfriese im Speisesaal verantwortlich. Der nur von außen zu besichtigende Palast in der Avenue de Tervueren 281 gilt als eine der schönsten Jugendstiladressen Brüssels und eines der luxuriösesten Privathäuser der 1920er-Jahre.

› Metrostation: Montgomery

Belgien-Nachschlag – aber bitte mit Sahne!

Für Belgien-Erstbesucher bieten sich Ausflüge in die benachbarten Städte Antwerpen, Gent und Brügge an, die alle drei mit der Eisenbahn, die zu Spitzenzeiten im Halbstundentakt verkehrt, sehr gut an die belgische Hauptstadt angebunden sind. Vor allem im Sommer aber lohnen sich auch Fahrten ins Brüsseler Hinterland.

› **CityTrip Antwerpen, Brügge, Gent** von Günter Schenk
REISE KNOW-HOW Verlag, Bielefeld

㊸ Waterloo – Butte de Lion ★★★ [S. 136]

Unbedingt einen Besuch wert sind die historischen Stätten rund um Waterloo, wo Napoleon einst seine entscheidende Niederlage einstecken musste. 40 Millionen Euro will die Wallonie bis 2015 in die Neugestaltung des Geländes stecken.

Viele Zehntausend Tote und noch mehr Verwundete – das ist die Bilanz einer der größten Feldschlachten. Am 18. Juni 1815 schlugen deutsche, niederländische und britische Truppen die von Napoleon geführten Franzosen auf einem Feld südlich von Brüssel. Die historischen Stätten sind heute touristisches Ziel. Allen voran der 41 Meter hohe Butte de Lion (Löwenhügel), von dem man den besten Blick über die einstigen Kampfesstätten hat. Zu seinen Füßen findet sich das Besucherzentrum, neben dem ein von lautstarken Kampfgeräuschen übertöntes Schlachtenpanorama an Napoleons Niederlage erinnert.

Ein **gusseiserner Löwe** auf einem in den 1820er-Jahren eigens aufgeschütteten Hügel markiert schon von Weitem das ehemalige Schlachtfeld. Mehr als 200 Stufen führen hinauf. Der Löwe gilt, so sein Schöpfer, als Symbol des Friedens, den Europa mit der Schlacht bei Waterloo fand. Der Legende nach wurde er aus den von den Franzosen auf dem Schlachtfeld zurückgelassenen Waffen gefertigt. Zu Füßen des Denkmals findet sich das Besucherzentrum, in dem eine **audiovisuelle Präsentation** an die Schlacht erinnert. Außerdem lässt ein Film die Besucher an Europas Schicksalsstunden teilhaben. Nebenan lockt das 1912 geschaffene Panorama mit einem **Rundumfresko der Kämpfe**. Ein rund 100 Meter langes

„Ich wollte, es wäre Nacht oder die Preußen kämen"

*Hoch zu Ross inspiziert Napoleon die Front seiner Truppen. Zu Hunderten sind die Soldaten auf den Feldern in Stellung gegangen, ebenso wie auf der anderen Seite die alliierten Truppen, die sich hinter Büschen und Bäumen versteckt halten. Immer wieder donnern Salven über das Gelände, legt Pulverdampf einen Schleier über die Szenerie. Auf Tribünen und Stehplätzen verfolgen Zehntausende das Geschehen, den Kampf der Franzosen gegen die Truppen aus England, Preußen und den Niederlanden. Jedes Jahr Mitte Juni lebt die **Schlacht von Waterloo** so neu auf, setzen uniformierte Bürger aus vielen Ländern Europas Geschichte in Szene.*

*Ein Wochenende lang wird Waterloo zum **Event.** Feldlager, Biwaks, Zeltstädte – für zwei Tage verwandelt sich die Region in ein militärhistorisches Woodstock. Dann lodern die Lagerfeuer, das Fleisch brutzelt auf dem Grill, Trompeten rufen zum Truppenappell, Marketenderinnen nähen fehlende Knöpfe an die Uniform. Musikanten spielen zum Tanz auf. Das alles ist öffentlich, wer will, kann sich zu den Soldaten gesellen und mit ihnen über Geschichte plaudern. Selbst Napoleon und Wellington, die großen militärischen Widersacher, sind hier Gesprächspartner. Und wie anno 1815 sind die Truppen auch untergebracht, die Franzosen im Biwak in Genappe, die alliierten Kämpfer im Schatten des Bauernhofes von Hougoumont.*

*__Reenactment__ heißt das Spektakel, die Wiederaufführung eines Stückes Weltgeschichte. Alle fünf Jahre wird daran besonders intensiv erinnert und statt ein paar Hundert Kämpfern setzen ein paar Tausend Uniformierte die Schlacht von Waterloo neu in Szene – das nächste Mal 2015. Mit Ross und Reitern geht es dann in den Kampf, mit Gewehren und Kanonen, die nach historischen Vorbildern gefertigt wurden. Dann kracht und bollert es in den Feldern und ein Sprecher erklärt den Neugierigen am Rand des Schlachtfeldes, was hier einst geschah, als mehr als 70.000 **Franzosen** 67.000 **Deutschen, Briten** und **Niederländern** gegenüberstanden.*

*Gegen Mittag des **18. Juni 1815** hatten die siegessicheren Franzosen die Front der Alliierten angegriffen. Hin und her wogten die Kämpfe, bei denen sich die Alliierten erst einmal auf die Verteidigung konzentrierten. Immer wieder aber prallten die napoleonischen Attacken ab und bis zum späten Nachmittag waren fast 3000 französische Soldaten in Gefangenschaft geraten.*

069br Abb.: gs

„Ich wollte, es wäre Nacht oder die Preußen kämen"

*Gegen 16 Uhr startete die französische Reiterei, unterstützt von lauten Kanonaden, neue Angriffe, von denen die meisten aber an den **Karrees** der Engländer scheiterten.*

*Vor allem Englands Militärhistoriker machten diese Formationen für **Wellingtons Sieg** mit verantwortlich, da sie fast allen französischen Reiterattacken standhielten. Entscheidend für den Ausgang der Schlacht aber wurde schließlich das **Erscheinen der Preußen.** „Ich wollte, es wäre Nacht oder die Preußen kämen", soll Wellington damals am späten Nachmittag ausgerufen haben, als sein Heer um die Hälfte zusammengeschrumpft war und die Franzosen den Truppen des Herzogs immer dichter auf den Leib rückten. Als die Preußen schließlich gegen Abend mit 45.000 Mann unter Führung **Blüchers** auf dem Schlachtfeld erschienen, flohen die Truppen Napoleons in Massen. Nur seine Leibgarde bewahrte Haltung. „Die Garde stirbt, aber ergibt sich nicht", wird ihrem General seitdem als Zitat zugeschrieben. Mit Einbruch der Dunkelheit war das **Schicksal Napoleons besiegelt.** Zurück blieben Tote und Verwundete, von denen viele in den folgenden Tagen starben.*

*Wellington und Blücher aber fühlten sich als Sieger und Retter Europas. Waterloo wurde so zur **Pilgerstätte** und auch zu einem Ort des Gedenkens, den heute viele Dutzend **Denkmäler** zieren. Wirtshäuser und Hotels spiegeln die touristische Bedeutung des Ortes, der mit der jährlichen Nachstellung der Schlacht auf sich aufmerksam macht. Doch während sich Engländer, Franzosen und Deutsche einst zu Tausenden die Köpfe einschlugen, ist der Kampf heute nur noch ein Spektakel für die Zuschauer auf den Tribünen und die Filmteams aus aller Welt. Tote und Verletzte brauchen sie nicht zu zeigen, dafür napoleonische und preußische Truppen, die angeregt plaudernd gemeinsam vom Kampfplatz schleichen.*

Die Biwaks und die Nachstellung der Schlacht finden jährlich am 18. Juni oder dem darauf folgenden Wochenende statt. Um Tribünenplätze sollte man sich möglichst früh bemühen.

❯ *www.waterloo-tourisme.com*

⌃ *Gelebter Geschichtsunterricht: Wellingtons Truppen vor der Butte de Lion*

⌂ *Geschichtsbeflissene aus ganz Europa lassen jedes Jahr im Juni die Schlacht von Waterloo neu aufleben*

Entdeckungen außerhalb des Zentrums

Ein Paradies im Grünen
Nur zwanzig Autominuten vor den Toren Brüssels, nicht weit von den historischen Stätten Waterloos, findet sich mitten im Grünen mit dem Hotel Dolce La Hulpe eine Oase der Ruhe. Eine Mischung aus Geschäfts- und Boutiquehotel mit großen, hellen Zimmern, modernen Bädern und Betten. Zur Ausstattung des Vier-Sterne-Hauses gehören ein Schwimmbad samt Whirlpool, zwei Restaurants, ein Fitnessraum und WLAN. Außerdem verfügt das Haus mit der französischen Kosmetikfirma Cinq Mondes als Betreiber über eines der besten Spas in Belgien, das nicht nur den Gästen des Hotels offen steht (Mo.– Fr. 11–20, Sa. 10–20, So. 10–19).
🏨**130 Dolce La Hulpe** €€€–€€€€, Chaussée de Bruxelles 135, La Hulpe, Tel. 02 2909898, www.dolcela hulpe.com

und 12 Meter hohes Gemälde, das 24 Lautsprecher mit Hufgetrappel, Säbelrasseln und Kanonendonner akustisch untermalen. Gegenüber im **Wachsmuseum** finden sich nachgestellte Schlüsselszenen mit den Protagonisten der Schlacht. Die Sommerwochenenden über ist Waterloo auch Schauplatz **historischer Vorführungen** von uniformierten Kavalleristen oder Infanteristen.
❯ Route du Lion 315, Waterloo, Tel. 02 23851912, www.waterloo1815.be, Apr.–Sept. tgl. 9.30–18.30 Uhr, Okt.– März tgl. 10–17 Uhr, Eintritt (Pass 1815) 13,50 € (Kinder 8 €). Im Besucherpass sind der Zutritt zum Löwenhügel, Filmvorführung, Wachsmuseum, Panorama und der Eintritt ins Wellington Museum in Waterloo enthalten.

44 Wellington Museum ★   [S. 136]

In Waterloo ist ein Museum dem einstigen Schlachtenlenker gewidmet, dem Herzog von Wellington. In der ehemaligen Postreiterstation hatte der Kommandant der alliierten Truppen 1815 sein Hauptquartier eingerichtet. **Waffen, Dokumente** und **Karten** erinnern dort heute an den Kampfverlauf. Einzelbesucher führt ein Audioguide in deutscher Sprache durch die Ausstellung, welche eine der wichtigsten Schlachten der Weltgeschichte erläutert.
❯ Chaussée de Bruxelles 147, Waterloo, Tel. 02 3572860, www.musee wellington.be, Okt.–März tgl. 10–17 Uhr, Apr.–Sept. 9.30–18 Uhr. Eintritt 6,50 €, Kombiticket mit Butte de Lion möglich **43**

45 Musée Hergé ★   [S. 136]

Mehr als 80 Originalzeichnungen, 800 Fotos, Dokumente und andere Objekte erzählen in Louvain-la-Neuve aus dem Leben des bekanntesten belgischen Comiczeichners Hergé. **Tim und Struppi** sind die berühmtesten der Figuren, die er kreierte. Hergé gilt als einer der Wegbereiter der belgischen Comicszene, als vielseitiger Künstler, der eine seiner ersten Bilderreihen in einem Pfadfinderheftchen veröffentlichte. Das im Juni 2009 eröffnete Museum besticht auch durch die Architektur des französischen Stararchitekten Christian de Portzamparc.
❯ Rue du Labrador 26, Louvain-la-Neuve, Tel. 010 488421, www.museeherge. com, Di.–Fr. 10.30–17.30, Sa./So. 10–18 Uhr, Eintritt 9,50 €, von Brüssel fährt gelegentlich ein Shuttlebus direkt zum Museum

Praktische Reisetipps

070br Abb.: gs

An- und Rückreise

Mit dem Auto

In Brüssel gibt es ein sehr gutes Netz öffentlicher Verkehrsmittel mit der schnellen Metro als Krönung. Fußfaule schätzen zudem die Fahrräder, die es überall zu leihen gibt. Ein **eigenes Auto** ist so nicht vonnöten, denn sie vergrößern nur die ohnehin endlosen Staus in Belgiens Hauptstadt. Gegen die Anreise mit dem eigenen Pkw spricht zudem, dass **Parkplätze** in der Innenstadt **rar und teuer sind.** Außerdem kommt man oft auch nicht schneller als Busse und Bahnen voran, ist doch auf vielen Abschnitten nicht mehr als Tempo 30 drin.

Die eigentliche **Anreise** nach Brüssel erfolgt in der Regel über die **Autobahn** und die Städte Köln und Aachen. Aus dem Ruhrgebiet und Norddeutschland reist man am schnellsten über die südlichen Niederlande an, aus Richtung Schweiz oder Baden-Württemberg über Luxemburg.

Mit der Bahn

Die Bahn ist eine bequeme und inzwischen auch schnelle Alternative zum Auto. Viele Züge fahren direkt in die belgische Hauptstadt. So ist man zum Beispiel von Frankfurt aus mit dem ICE in rund drei Stunden in Brüssel. Ins Ruhrgebiet verkehrt der superschnelle Thalys.

Brüssel hat gleich drei Hauptbahnhöfe: Im Nordosten liegt der **Gare du Nord**. Der **Gare Central** ist ein unterirdischer Stopp im Zentrum, ganz in

der Nähe des Grand' Place. Schnelle Züge halten hier allerdings meist nicht. Der größte Bahnknotenpunkt und Halt der nach London und Paris verkehrenden Hochgeschwindigkeitszüge Thalys, TGV oder Eurostar ist der **Gare du Midi** **36** südwestlich des Zentrums.

Züge nach Luxemburg verkehren ab dem **Gare Luxemburg** im Europaviertel, außerdem gibt es dort eine weitere, kleine Bahnstation, den **Gare Schumann**. Direkten **Anschluss** an Metro, Tram und Bus bieten alle drei großen Bahnhöfe. **Belgiens Bahnen fahren übrigens links.** Wer seinen Bahnsteig wie gewohnt wählt, sieht seinen Zug unter Umständen auf der anderen Seite abfahren!

Wer nicht an einen bestimmten Termin gebunden ist, sollte die **Europa-Sondertarife** der Bahn nutzen, die schon für 39 € (einfache Fahrt) bzw. 69 € in der 1. Klasse eine Reise nach Brüssel möglich machen. Frühe Planung ist wichtig, da die Spartarife sehr gefragt sind!

> **Deutsche Bahn**, www.bahn.de
> **Schweizerische Bundesbahnen,** www.sbb.ch
> **Österreichische Bundesbahnen,** www.oebb.at
> **Belgische Eisenbahnen,** www.belgianrail.be

Mit dem Bus

Die Anreise mit dem Bus ist vor allem für Sparfüchse eine Überlegung wert. So fährt das Busunternehmen **Eurolines** von vielen größeren deutschen Städten aus nach Brüssel. Auch von Wien über Linz gibt es eine Verbindung in Europas Kapitale. Aus der Schweiz fahren Busse aus Genf und Basel in die belgische Hauptstadt.
> www.eurolines.com

◁ *Vorseite: Pflichtprogramm beim Brüsselbesuch – das Atomium* **39**

Mit dem Flugzeug

Im Großraum Brüssel finden sich zwei Flughäfen. Rund 60 Kilometer südlich liegt **der Charleroi Airport (CRL)**, der vorwiegend von Charter- und Billigfluglinien wie Ryanair angesteuert wird (z. B. aus dem bayerischen Memmingen). Vom Flughafen verkehren Shuttle-Busse zum Gare du Midi.

Touristisch wichtiger ist der internationale Flughafen **Brüssel-Zaventem (BRU)**, rund 14 Kilometer nordöstlich der belgischen Hauptstadt. Er wird täglich von allen großen deutschen, Schweizer und österreichischen Flughäfen angesteuert. Oft – wie nach Berlin, Frankfurt, Zürich oder Wien – gibt es gleich mehrere Verbindungen am Tag. Zu den wichtigsten **Fluglinien**, die Belgien bedienen, gehören Lufthansa, Austrian Airlines, Swiss, Germanwings und Brussels Airlines. Als Billigflieger operiert auf der Strecke nach Berlin und Genf auch Easyjet.

Suchmaschinen wie www.swoodoo.com helfen gelegentlich bei der Jagd nach einem Schnäppchen. Noch sicherer geht man, wenn man die Webseiten der Fluggesellschaften nach günstigen Angeboten durchforstet. Oft kann man, wenn man seine Reise nur um ein paar Stunden oder Tage verlegt, viel Geld sparen.

> www.lufthansa.com
> www.brusselsairlines.com
> www.swiss.com
> www.easyjet.com
> www.austrian.com
> www.germanwings.com

Vom Flughafen in die Stadt zu kommen, ist kein Problem. Mindestens dreimal pro Stunde verkehren Züge zu den drei wichtigsten Stadtbahnhöfen Brüssels (Nord, Centrale und Midi). Die Fahrt dauert maximal 25 Minuten. Fahrscheine gibt es an den Bahnschaltern, mit kräftigem Aufschlag auch im Zug. Vom Flughafen Zaventem in die Innenstadt verkehrt zudem regelmäßig ein Bus. Ins **Europaviertel** gibt es einen direkten **Shuttlebus** (Fahrtzeit ca. 30 Minuten). Auch hier ist das Ticket billiger, wenn man es nicht erst im Bus, sondern am Schalter löst.

Autofahren

Die **Internationale (grüne) Versicherungskarte** als Nachweis der Kfz-Haftpflichtversicherung ist für die Einreise nach Belgien zwar keine Pflicht, erspart einem aber bei einem Unfall gegebenenfalls viel Ärger. Selbstverständlich ist die Mitnahme von Kfz- und Führerschein.

Autofahrer sollten sich auf ein **Geschwindigkeitslimit** von 120 Kilometern pro Stunde auf allen belgischen Autobahnen einrichten. Auf zweispurigen Nationalstraßen gilt Tempo 90, in Ortschaften Tempo 50 oder 30. Und noch etwas: **Bußgelder** müssen an Ort und Stelle gezahlt werden – auch von Touristen.

Auch in Belgien gilt: rechts vor links! Straßenbahnen und Busse haben aber immer **Vorfahrt**. Es besteht **Gurtpflicht** – auch im Taxi. Kinder unter 12 Jahren müssen ebenfalls angegurtet auf die Rückbank. Die **Alkoholgrenze** beträgt 0,5 Promille und natürlich sind auch in Belgien **Handytelefonate** am Steuer verboten.

Pannennothilfe bieten der Königliche Automobilklub oder der belgische Touring Club. Da beide Unternehmen aber nicht verpflichtet sind, Nichtmitgliedern zu helfen, empfiehlt es sich, vor Reiseantritt einen im Aus-

046br Abb.: gs

loren, herrscht doch auf den wichtigsten Routen werktags **Dauerstau**. Eine Suchfunktion nach Parkmöglichkeiten schon von daheim aus bietet www.interparking.be.

Wegen des **knappen Parkraums** kennen Brüssels Ordnungshüter gegenüber Parksündern wenig Pardon. Da die **Parkgebühren** in der Regel mindestens 2 € pro Stunde betragen, ist es unter Umständen sinnvoll, sein Fahrzeug außerhalb der City zu parken und mit Bus oder Straßenbahn von einem der **Park-and-ride-Plätze** weiterzufahren. Sollten Sie entlang einer Straße einen gebührenpflichtigen Parkplatz gefunden haben, ziehen Sie immer ein **Parkticket** aus den *horodateurs,* den Parkuhren. Ihre Tarife sind im Stadtgebiet gestaffelt. Vor Bordsteinen, die mit einer gelben Linie durchgehend gekennzeichnet sind, besteht **generelles Parkverbot**. Das Wichtigste aber ist: Wenn Sie an einer Straße parken, nehmen Sie bitte alle **Wertgegenstände aus dem Fahrzeug!** Das gilt vor allem für die Nachtstunden, in einigen Stadtteilen inzwischen aber auch tagsüber.

P131 [G6] **Tiefgarage Grand Place**, Rue Marché aux Herbes 104

P132 [G5] **Tiefgarage Monnaie**, Place de la Monnaie 25

land gültigen Schutzbrief zu erwerben. Wie in Österreich gilt auch in Belgien **Warnwestenpflicht**. Im Falle einer Panne oder eines Unfalls außerhalb geschlossener Ortschaften oder auf Autobahnen muss bei Verlassen des Fahrzeugs eine gelbe, rote oder orangefarbene Warnweste getragen werden – ansonsten droht ein Bußgeld.

> **Allgemeiner Pannennotruf:**
  Tel. 070344777
  (Handy: 0032 70344777)
> **ADAC:** Tel. +49 (0)89222222
> **ÖAMTC:** Tel. +43 (0)12512000
> **Touring Club Schweiz:**
  Tel. +41 (0)224172220

Parken

Ihr Auto sollten Sie am besten gleich in einer Garage oder in einem der gut ausgeschilderten Parkhäuser verstauen. Auf Brüssels Straßen geht Ihnen sonst nämlich die schönste Zeit ver-

Mietwagen

Fast alle großen Mietwagenfirmen haben in der Stadt und am Flughafen Verleihstationen. Am besten bucht man sein Fahrzeug schon von zu Hause aus über einen der Internetvermittler wie zum Beispiel:

> www.billiger-mietwagen.de

⌂ *Um Strafzettel zu vermeiden, immer ein Parkticket lösen!*

Barrierefreies Reisen

Auf den oft holprigen Pflastern in vielen Teilen der Stadt haben es Rollstuhlfahrer nicht immer leicht. Allerdings werden zurzeit überall große Anstrengungen unternommen, diese **Defizite abzubauen** und alle großen öffentlichen Einrichtungen mit Zugangshilfen auszustatten. So sind die wichtigsten und neue **Museen** alle auch für Rollstuhlfahrer zugänglich. Darüber hinaus sind auf öffentlichen **Parkplätzen** spezielle Plätze für Behinderte ausgewiesen. Rollstuhlfahrer und Schwerstbehinderte können bei Bedarf unter der Telefonnummer 02 5152365 (minibus@mivb.irisnet. be) spezielle Minibusse anfordern, die werktags zwischen 6.30 und 23 Uhr von Tür zu Tür fahren. Quer durch die Stadt verkehrt zudem die **Buslinie 71**, die mit extra breiten Türen speziell für Rollstuhlfahrer ausgestattet wurde. Blinden erleichtern **akustische Signale** an den wichtigsten Fußgängerampeln im Stadtgebiet das Überqueren der Straße.

Für allgemeine Auskünfte über behindertengerechtes Reisen gibt es eine eigene Website, die Auskünfte zu Transportmöglichkeiten, barrierefreien Restaurants, Cafés und Hotels gibt sowie viele praktische Tipps wie zur Suche nach rollstuhlgeeigneten Toiletten enthält.

❯ www.brusselvoorallen.be

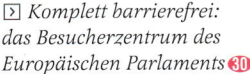
❯ Komplett barrierefrei: das Besucherzentrum des Europäischen Parlaments **30**

Diplomatische Vertretungen

Belgische Botschaften

❯ **Deutschland:** Königlich Belgische Botschaft, Jägerstraße 52–53, 10117 Berlin, Tel. 030 206420, www.diplomatie.be/berlin
❯ **Österreich:** Königlich Belgische Botschaft, Wohllebengasse 6, 1040 Wien, Tel. 01 502070, www.diplomatie.be/viennade
❯ **Schweiz:** Königlich Belgische Botschaft, Jubiläumsstraße 41, 3000 Bern, Tel. 031 3500150, www.diplomatie. be/bernde

Botschaften Deutschlands, Österreichs und der Schweiz

❶133 [J7] **Botschaft der Bundesrepublik Deutschland,** Rue Jacques de Lalaingstraat 8–14, 1040 Brüssel, Tel. 02 7871800, Bereitschaft für Notfälle: Tel. 04 75577762, www.bruessel.diplo.de, Mo.–Fr. 9–12, Mi. auch 14.30–16 Uhr
❶134 [I8] **Österreichische Botschaft,** Place du Champs de Mars 5, 1050 Brüssel, Tel. 02 890700, www.bmeia. gv.at, Bereitschaft für Notfälle: Tel. 04 86288104, Mo.–Fr. 10–12.30 Uhr
❶135 [I6] **Schweizer Botschaft,** Rue de la Loi 26, 1040 Brüssel, Tel. 02 2854350, www.eda.admin.ch/bruxelles, Mo.–Fr. 9–12 Uhr

Brüssel preiswert

> *Mit der **Brussels Card** kann man nicht nur **kostenlos Bus und Straßenbahn** fahren, sondern auch rund 30 der schönsten Brüsseler **Museen** besuchen. Sie ist 72, 48 oder 24 Stunden gültig und kostet jeweils 40 €, 34 € oder 24 €. Außerdem erhält man mit der Karte bei zahlreichen touristischen Attraktionen, kulturellen Einrichtungen, Geschäften, Restaurants und Bars bis zu 25 % Ermäßigung. Erhältlich ist die Karte in den Tourismusbüros (s. S. 103) und den teilnehmenden Museen. Bestellungen sind auch per Internet unter www.brusselscard.be möglich.*

> *Im Juli und August fallen mangels Geschäftsreisender die **Übernachtungspreise** in den 5-Sterne-Herbergen. Dann sind Doppelzimmer unter Umständen schon für rund 100 € pro Nacht im Angebot. Man sollte deshalb immer auf Sonderangebote achten!*

> *Viele **Museen** bieten am ersten Mittwoch im Monat ab 13 Uhr **kostenlosen Eintritt**. Ein Angebot, das man nutzen sollte!*

> *Restaurantbesucher essen mittags meist billiger als abends. Um ihre Betriebe besser auszulasten, bieten viele Gastronomen, auch Sterneköche wie Bruneau, einen speziellen **Mittagslunch**: ein meist dreigängiges Mahl, dessen Preis oft deutlich unter dem der abendlichen Menüs liegt. Außerdem gibt es einen sogenannten **Restopass**, der in fast 50 Restaurants Preisnachlässe von bis zu 30 % auf Speisen gewährt (www.restopass.com).*

Elektrizität

In Belgien beträgt die Stromspannung 230-Volt-Wechselstrom. Für mitgebrachte Geräte wie Föhn oder Laptop dürften die genormten Europasteckdosen daher kein Problem sein.

Geldfragen

Belgien ist Teil der **Eurozone** und ein Devisentausch für Deutsche und Österreicher daher nicht erforderlich. Die **Mehrwertsteuer** beträgt 21 %. Für Nahrungsmittel, Bücher und Waren oder Dienstleistungen, die als Grundbedürfnisse angesehen werden, gilt ein ermäßigter Steuersatz von 6 %.

Da Geschäfte, Restaurants und Hotels, Museen und große Veranstalter in der Regel alle gängigen **Kreditkarten** akzeptieren, braucht man in seiner Reisekasse eigentlich nur Taschengeld. Bei der Zahlung mit einer Kreditkarte muss man aber unter Umständen seinen Ausweis vorlegen. Natürlich gibt es in Brüssel aber auch überall **Geldautomaten**, an denen man sich „versorgen" kann.

Die **Preise** sind in Brüssel etwas höher als im übrigen Belgien, vor allem rund um das Europaviertel und in den schicken Modevierteln der Stadt. Wenn man in einem Mittelklassehotel nächtigt, sollte man – zwei Mahlzeiten am Tag und ein paar Museumsbesuche eingerechnet – mit einem Tagessatz von 110 bis 140 € pro Person kalkulieren.

Umrechnungskurs
(Stand November 2013)
1 € = 1,23 SFr
1 SFr = 0,81 €

Informationsquellen

Infostellen zu Hause

> **Deutschland:** Tourismus Flandern-Brüssel, Cäcilienstraße 46, 50667 Köln, Tel. 0221 2709770, www.flandern.com
> **Österreich und Schweiz:** Tourismus Flandern-Brüssel, Mariahilfer Str.121 B, 1060 Wien, Tel. 01 5960660, www.flandern.at

Infostellen in der Stadt

Visitbrussels, das **Brüsseler Fremdenverkehrsamt,** unterhält mehrere Informationsstellen in der Stadt:

❶ **136** [H7] **Bruxelles Info Place (BIP),** Rue Royale 2–4, 1000 Bruxelles, Tel. 02 5138940, Mo.–Fr. 9–18 Uhr, Sa./So./Fe. 10–18 Uhr, www.visitbrussels.be

❶ **137** [G6] **Grand' Place,** Rathaus, tgl. 9–18 Uhr. Hier auch Last-Minute-Hotelbuchungen und Verleih von Audioguides für die Besichtigung des Grand' Place

❶ **138** [D8] **Gare du Midi,** Infopoint, tgl. 9–18 Uhr

Fundbüro

Wer im **Flugzeug** oder auf dem Flughafen etwas liegen gelassen hat, kann sich unter Tel. 0900 70000 (aus dem Ausland unter 0032 27537753) erkundigen, ob seine Sachen abgegeben wurden.

Wer etwas in **Metro, Bus** oder **Straßenbahn** vergessen hat, wendet sich an die Telefonnummer 02 5152394.

Wer etwas im Zug vergessen hat, kontaktiert Tel. 02 2245591. **Sonstige Funde** können bei der Polizei unter Tel. 02 2797979 nachgefragt werden.

Die Stadt im Internet

Die folgenden Seiten sind meist in flämischer, französischer und englischer Sprache.

> **www.belgium.be:** Informative Website des belgischen Außenministeriums (auch auf Deutsch), auf der das Online-Angebot zahlreicher offizieller belgischer Institutionen zusammengefasst ist.
> **www.brussels.be:** Offizielle Website der Stadt Brüssel mit vielen touristischen Hinweisen
> **www.brusselslife.be:** Kommerzielle Tourismusseite mit Kultur-, Einkaufs-, Museums-, Service- und Kulturtipps
> **www.visitbrussels.be:** Offizielles Webportal des Tourismusbüros: Veranstaltungen, Stadtrundgänge, Einkaufstipps und andere touristisch relevante Hinweise. Auch Hotels und die Brussels Card lassen sich über die Website buchen.
> **www.brusselsmuseums.be:** Gemeinschaftsauftritt der wichtigsten Museen mit aktuellen Hinweisen zu Ausstellungen und besonderen Angeboten
> **www.brusselsmania.com:** Offizielle Website des Brüsseler Fremdenverkehrsamtes für junge Leute mit Ausgeh- und Nightlifetipps sowie Low-Budget-Angeboten
> **www.bruessel-gui.de:** Kommerzielle, deutschsprachige Website mit Karten und über zweitausend (!) Brüsselschnappschüssen
> **www.eurobrussels.com:** Englischsprachiges Job-Portal für alle EU-Behörden. Angeboten werden Jobs in ganz Europa!
> **www.llotsacre.be:** Sehr kommerzielles Internetportal mit vielen 360-Grad-Fotografien und interaktivem Stadtplan
> **www. belgien-tourismus.de:** Offizielles Tourismusportal für die Wallonie und Brüssel mit immer aktuellen Angeboten und Hinweisen auf kulturelle Veranstaltungen in und um Brüssel

Publikationen und Medien

In Brüssel gibt es in vielen Stadtteilen öffentliche **Büchereien,** in denen man **Zeitungen und Bücher lesen** oder **im Internet surfen** kann. Die zentrale Bücherei der Innenstadt befindet sich neben der Oper. Aktuelle deutsche Zeitungen und Zeitschriften liegen auch in dem einen oder anderen Bistro (z. B. im Café Belga, s. S. 32) und im neuen Museum Parlamentarium ❸⓪ aus.

Die wichtigsten **Tageszeitungen** Brüssels sind „Le Soir", „La Dernière Heure" und „La Libre Belgique", alle erscheinen in französischer Sprache. In Flämisch erscheinen z. B. „De Standaard" und der „De Morgen". „The Bulletin" ist eine englischsprachige Publikation mit regionalem Bezug und vielen Tipps. Der Belgische Rundfunk (BRF) bietet ein deutschsprachiges **Radioprogramm** (www.brf.be).

Brüssel-Apps

> **Fritkots Bruxelles:** Führer zu Brüssels Frittenbuden in französischer Sprache (1,79 € für iOS)
> **Horta Bruxelles:** Auf den Spuren des großartigen Jugendstil-Architekten durch Europas Kapitale (5,49 € für iOS)
> **SNCF DIRECT:** Kostenlose App für Zugreisen in Belgien. Beantwortet Fragen wie: „Wo ist der nächste Bahnhof?" und „Wann kommt mein Zug?". Individuelle Benachrichtigungen auch bei Zugverspätungen (kostenlos für Android und iOS).
> **STIB:** Der Brüsseler Nahverkehr in Echtzeit (kostenlos für Android und iOS)
> **René Magritte:** Bilder von und Infos über den bekannten belgischen Surrealisten (kostenlos für Android und iOS).
> **City of Brussels:** Offizielles App der Stadt mit Veranstaltungen, News, Behörden und Ansprechpartnern im Notfall inklusive Kartenmaterial (kostenlos für Android).

Meine Literaturtipps

> *Francoise Hauser, **Belgien fürs Handgepäck,** Zürich 2011. Hintergrundgeschichten zur Historie des Landes, seinen Künstlern und Köstlichkeiten.*
> *Katja Ridderbusch, **Der Tross von Brüssel,** Wien 2006. Die ehemalige WELT-Korrespondentin serviert Geschichten aus der Hauptstadt. Für alle, die mehr über die EU und die dort Beschäftigten wissen wollen.*
> *Georges Simenon, **Der Verdächtige,** Zürich 1991. Krimi mit Kommissar Maigret, Schauplatz ist der Stadtteil Schaerbeek.*

> *Rita Henss, **Pralinen, Bier und Alte Meister. Spitzen aus Flandern,** Wien 2008. Eine kulturhistorische Reise durch Flandern mit Abstechern nach Brüssel.*
> *John Vermeulen, **Die Elster auf dem Galgen,** Zürich 1995. Spannender Mittelalterroman um den Maler Pieter Brueghel d. Ä., der lange in Brüssel lebte.*
> *Jeanne Rubner, **Brüsseler Spritzen: Korruption, Lobbyismus und Finanzen der EU,** München 2009. Die Publikation bietet einen packenden Blick hinter die Kulissen des Politikbetriebs.*

Medizinische Versorgung

Das belgische Gesundheitssystem ist effizient und gut organisiert. Alle großen Kliniken stehen in Notfällen rund um die Uhr zur Verfügung. Was früher der sogenannte Auslandskrankenschein war, ist jetzt die **Europäische Krankenversicherungskarte** (**EHIC**). Bei ihrer Vorlage wird man in Belgien in der Regel kostenlos behandelt. Vor allem bei Arztbesuchen kann Es kann aber vorkommen, dass man in Vorleistung gehen muss. In diesem Fall reicht man die **Rechnung** (gut aufbewahren!) anschließend bei der Krankenkasse ein. Da im Ausland **Zuzahlungen** anfallen können, die in Deutschland nicht erstattet werden, ist es ratsam, eine eigene **Reisekrankenversicherung** abzuschließen, welche die Kosten einer Privatbehandlung und ggf. den Rücktransport übernimmt.

Apotheken sind an einem grünen Neonkreuz zu erkennen und in der Regel wie alle Einzelhandelsgeschäfte werktags von 9 bis 18 Uhr, samstags bis 14 Uhr geöffnet. Abends und an Wochenenden hängt an jeder Apotheke eine Liste mit dem **Apothekennotdienst** (Services de garde) aus. Über die nächstgelegene, nachts geöffnete Apotheke informiert die landesweite Servicenummer 0900 10500 (tgl. 22–9 Uhr) oder www.pharmacie.be.

➕**139** [F8] **Universitätshospital Saint-Pierre,** Rue Haute 322 www.stpierre-bru.be, Tel. 02 5353111, Klinik mit 24-stündigem Notdienst

➕**140** [H5] **Pharmacie Botanique SPRL,** Boulevard du Jardin Botanique 36, Tel. 02 2195698, Mo.–Fr. 9–18.30, Sa. 12–17 Uhr. Apotheke

> Ärztlicher Bereitschaftsdienst: Tel. 02 4791818
> Zahnärztlicher Notdienst: Tel. 02 4261026

Mit Kindern unterwegs

Auch in Brüssel ist man darauf eingerichtet, dass Eltern zunehmend mit ihren Kindern unterwegs sind. Das eine oder andere **Museum** bietet so eigene **Führungen** oder **spezielle Veranstaltungen** für Kinder an. Ein Blick auf die Websites der Kulturinstitutionen ist daher immer eine gute Idee. Im Tourismusbüro gibt es außerdem einen Übersichtsplan für Kids, der rund 30 Ideen für einen gelungenen Tag mit den Jüngsten aufzeigt. Wegen der **Sprachhürden** ist es aber fast immer notwendig, dass Erwachsene die Kinder begleiten.

🏛**141** [K11] **Musée des Enfants (Kindermuseum),** Rue du Bourgmestre 15, Tel. 02 6400107, www.museedesenfants.be, Mi., Sa., So. 14.30–17 Uhr. Eintritt 7,50 €. Zweisprachiges Museum für Kinder zwischen 5 und 12 Jahren in Ixelles. Beim Malen, Backen oder Theaterspielen steht eigenes Erleben im Vordergrund.

🔴 **Mini-Europe.** Europa einmal anders entdecken.

EXTRATIPP

Auf Rollen durch die Stadt

Von Juni bis September gehören Brüssels Straßen regelmäßig den Inliner-Fahrern. Drei Stunden geht es jeden Freitag kreuz und quer durch die Stadt – oft auch ab- und aufwärts durch zahlreiche Unterführungen. Start ist um 18 Uhr vor dem Justizpalast 🔴.

> www.belgiumrollers.com

059br Abb.: gs

S142 Océade – Aqua- und Tropical-Park, Bruparck, Tel. 02 4784320, www. oceade.be, Mi.–Fr. 10–18, Sa.–So. 10–21 Uhr (abweichende Zeiten möglich), Eintritt 20,80 €, Kinder 14,80–17,80 € (Kombipreis mit Mini-Europe **40** möglich). Fast ein Dutzend Wasserrutschen wie die längste Reifenrutschbahn Belgiens garantieren feuchtfröhliche Stunden.

143 [I5] **Musée du Jouet** (Spielzeugmuseum), Rue de L'Association 24, Tel. 02 2196168, www.museedujouet. eu, tgl. 10–13 u. 14–18 Uhr, Eintritt 5,50 € (Kinder 4,50 €). Spielwelt in 33 Räumen auf 3 Etagen, von der Modellbahn bis zum Kaufmannsladen.

› Im **Paleo Lab** des Naturwissenschaftlichen Museums **31** können Kinder im großen Saurier-Saal das fossile Leben interaktiv entdecken.

△ *Kleinkunst vor altehrwürdiger Kulisse – Kinder verfolgen gespannt eine Straßentheateraufführung*

Notfälle

Notrufnummern

Natürlich erreicht man auch in Belgien Feuerwehr, Polizei und Rettungsdienste über die europaweit einheitliche **Rufnummer 112**, aber auch die alten Nummern sind noch gültig:

› **Feuerwehr und Krankenwagen:** Tel. 100
› **Polizei:** Tel. 101
› **Gift-Notruf:** Tel. 070 245245
› **Tierärztlicher Notdienst:** 02 4799990
› **Telefonseelsorge:** 108 (auf Deutsch)

Kartenverlust

Bei Verlust der Maestro-(EC-) oder der Kreditkarte gibt es für Kartensperrungen eine **deutsche Zentralnummer** (unbedingt vor der Reise klären, ob die eigene Bank diesem Notrufsystem angeschlossen ist).

In **Österreich** und der **Schweiz** gibt es keine zentrale Sperrnummer, daher sollten sich Besitzer von in diesen Ländern ausgestellten Maestro-(EC-) oder Kreditkarten vor der Abreise bei ihrem Kreditinstitut über den zuständigen Sperrnotruf informieren.

Generell sollte man sich immer die **wichtigsten Daten** wie Kartennummer und Ausstellungsdatum separat notieren, da diese unter Umständen abgefragt werden.

› **Deutscher Sperrnotruf:** Tel. +49 116116 oder Tel. +49 3040504050

Öffnungszeiten

Geschäfte haben in der Regel Montag bis Samstag von 10 bis 18 Uhr geöffnet (Kernzeit). In den touristischen Kernzonen haben viele Läden auch sonntags geöffnet. Wer spätabends noch Getränke oder Lebensmittel sucht, muss in einen der **Night Shops**, die oft die ganze Nacht geöffnet haben.

Die Öffnungszeiten von **Banken** sind Montag bis Freitag von 9 bis 16 Uhr. Einige schließen mittags für eine Stunde. **Museen** haben meist täglich von 10 bis 17 Uhr geöffnet (Kernzeit), die meisten sind allerdings montags oder dienstags geschlossen.

Post

Belgien kennt keine Briefmarken mit Wertangaben in Euro, sondern nur Frankierungseinheiten, die man an vielen Kiosken oder Postämtern erhält. Jede Sendung und jedes Ziel hat unterschiedliche Frankierungseinheiten. So verlangt ein einfacher Brief (bis 50 Gramm) in eines der deutschsprachigen Länder mindestens eine Frankierungseinheit von 1,03 €.

Postämter haben werktags gewöhnlich von 9 bis 12 Uhr und 14 bis 17 Uhr und samstags zwischen 10 und 12 Uhr **geöffnet**. Die längsten Öffnungszeiten hat das Postamt (Avenue Fonsey 32) am modernen Bahnhof Gare du Midi **36**.

Radfahren

Es hat sich herumgesprochen, dass man in Brüssel mit dem Fahrrad am schnellsten vorankommt, auch wenn die eine oder andere Steigung Fahrten in der Stadt zu einer schweißtreibenden Angelegenheit macht. Inzwischen hat die Stadt begonnen, auf den wichtigsten Verkehrsachsen Fahrradwege auszuweisen, die das Radeln sicherer machen. So brauchen auch Touristen auf ein Rad nicht zu verzichten.

Villo, ein Angebot der Großregion Brüssel, stellt an 180 Stationen im ganzen Stadtgebiet mehr als 2500 Räder zur Verfügung. Fahrräder können übrigens auch gegen Lösung eines Einzelfahrscheins in Metro und Bahnen mitgenommen werden – mit Ausnahme der werktäglichen Spitzenzeiten zwischen 7 und 9 und zwischen 16 und 18.30 Uhr. Zur **Fahrradmitnahme im Zug** braucht man eine Fahrradkarte (Tageskarte 8 €).

● **144** [I8] **Pro Velo**, Rue de Londres 15, Ixelles, Tel. 02 5027355, www.provelo. org, Mo.–Fr. 10–13.30 u. 14–18 Uhr, Sa./So. 10–12 u. 12.30–18 Uhr, Mietpreis ein Tag 15 €, ein Wochenende 24 €. Im Angebot sind auch Tandems und Elektrofahrräder. Im Sommer gibt es zudem Mietstationen im Wald von Cambre und im Park von Woluwe.

Bike-Sharing in Brüssel

Die **gelben Fahrräder** fallen überall auf. Fast alle 500 Meter findet sich im Stadtgebiet eine Villo-Station, wo man eines der Räder ausleihen und zurückgeben kann. Dazu braucht man nur eine Berechtigungskarte und ein Tages- (1,60 €) oder Wochen-Ticket (7,50 €). Die ersten 30 Minuten Radmiete sind dann kostenfrei, die nächste halbe Stunde kostet 50 Cent, die folgende Stunde 1 €, jede weitere 2 €. Inzwischen gibt es rund 180 Anmietstationen!

● **145** [G10] **Villo**, Tel. 078051110, www.villo.be

079br Abb: gs

Schwule und Lesben

Brüssel ist Belgiens Schwulen- und Lesbenhochburg und im Mai findet gewöhnlich eine große Gay-Parade (www.thepride.be) statt, im November ein Film-Festival (www.pinkscreens.org).

Hauptquartier der **Schwulenszene** sind die Straßen südwestlich des Grand' Place. Vor allem am Wochenende platzen die Klubs dort aus allen Nähten und schon ihre Namen – Szenelokale wie Homo Erectus oder Le Boys Boudoir – verraten, wo es langgeht (www.brusselsgay.be).

Anlaufstation der Gay-Community in Brüssel ist das **Regenbogenhaus** (La Maison Arc-en-Ciel) in der Rue du Marché au Charbon 42. Dort findet sich auch das neue **HIV-Café**, ein Treff für alle HIV-Infizierten und Freunde (www.rainbowhouse.be).

La Demence ist der Titel einer gewöhnlich einmal monatlich stattfindenden **Schwulen-Party** mit bis zu 2.000 Gleichgesinnten (www.lademence.com).

146 [G6] **L'Homo Erectus,** Rue des Pierres 57, www.lhomoerectus.com, tgl. ab 16 Uhr. Bar und Disco. Donnerstags Treff der Dragqueens!

147 [F6] **Le Belgica,** Rue Marché au Charbon 32, www.lebelgica.be, Do.–So. 20–3 Uhr. Brüssels erste Schwulen-Adresse, gruppiert um eine 1920er-Jahre-Bar. Beliebt bei Musikern, Schauspielern und Modemachern aus aller Welt.

148 [F6] **Le Boys Boudoir,** Rue Marché au Charbon 25, Tel. 02 6145838, www.leboysboudoir.be, tgl. 19–5 Uhr. Gay-Bar für Alt und Jung mit kleinem Restaurant. Gelegentlich finden Motto-Partys statt, freitags und samstags ist Tanzklub und sonntags gibt es eine Travestie-Show.

Sicherheit

Brüssel ist **generell eine sichere Stadt,** auch wenn einzelne Medien sie hin und wieder zur „Hauptstadt des Verbrechens" erklären. Nach dem gewaltsamen Tod eines Bediensteten des öffentlichen Nahverkehrs im April 2012, dem ein tagelanger Stillstand von Metro, Bus und Tram folgte, hat die Polizei allerdings ihre öffentliche **Präsenz in der Stadt verstärkt.**

Fakt ist, dass schwere Gewaltdelikte in Brüssel nicht häufiger als in anderen vergleichbaren Metropolen auftreten. Allerdings ist die Zahl der **Eigentumsdelikte** stark gestiegen. Dabei handelt es sich um Einbrüche und Straßenraub, für die vor allem jugendliche Banden verantwortlich sind. So sollte man als Tourist **bei Dunkelheit** generell **Parks,** einige **U-Bahn-Stationen** und **bestimmte Stadtviertel** im Osten und Westen **meiden.** Wer aber seinen Reichtum nicht demonstrativ zur Schau trägt und sich entsprechend umsichtig verhält, ist auch in Brüssel keiner größeren Gefahr ausgesetzt als in anderen Landeshauptstädten. Immer rechnen muss man mit **Handtaschenräubern,** die in und um die großen Bahnhöfe agieren, und mit **Taschendieben,** die das Gedränge in den öffentlichen Verkehrsmitteln oder auf manchen Märkten für ihre Taten nutzen. Auf keinen Fall sollte man irgendwelche Wertgegenstände im geparkten **Fahrzeug** lassen.

149 [G6] Polizeizentrale, Rue Marché au Charbon, 30, Tel. 02 2797711, 24 Stunden geöffnet.

▷ *Polizistin bei ihrem Rundgang am Grand' Place* ❶

> **EXTRATIPP**

Segwaytours

Tausende haben sie schon hinter sich: die Segwaytour, Brüssels jüngste Art, die Stadt kennenzulernen. Mit mobilen Zweirädern, die im Stehen gefahren werden, geht es nach einer 15-minütigen Einführung in den Fahrbetrieb dreimal täglich auf eine 90-minütige Tour durch die Stadt. Von Mai bis September starten die Rundfahrten mittwochs bis sonntags um 11, 14 und 16.30 Uhr vor dem Touristenbüro (s. S. 103) auf dem Grand' Place. Mindestalter für die Tour ist 16 Jahre, Mindestgewicht 40 kg.

> ❯ **Segwaytour**, www.belgium-segway tour.be, Preis: 39 €, Onlinebuchung möglich

Sprache

Brüssel ist offiziell **zweisprachig**. Straßen sind daher genau wie Speisekarten in **Französisch** und **Flämisch** ausgezeichnet. Auf den Autobahnschildern firmiert Brüssel so einmal als Bruxelles (französisch), ein andermal als Brussel (flämisch). Viele im Tourismus Beschäftigte, vom Taxifahrer bis zum Hotelportier, sprechen aber auch **englisch** und auch mit **Deutsch** kommt man in vielen großen Hotels und den Tourismusbüros weiter.

Stadttouren

Das Angebot organisierter Touren in Brüssel ist groß. Mehr als ein Dutzend Veranstalter und Firmen gehen, fahren oder radeln mit Ihnen durch die Stadt. So können Sie Brüssel zu Fuß, mit dem Fahrrad oder im Bus auf geführten Touren kennenlernen. Am einfachsten mit den **Hop-on-Hop-off-Bussen**, die mindestens jede Stunde (werk-

tags ab 10 Uhr, im Sommer schon ab 9.30 Uhr) vor dem **Gare Centrale** mitten in der Stadt starten. Von der Börse bis zum Atomium steuern sie wichtige Sehenswürdigkeiten an, die man dann allerdings auf eigene Faust erkunden muss. Sparfüchse machen fast die gleichen Touren wesentlich billiger mit öffentlichen Verkehrsmitteln (s. S. 102).

> ❯ www.citysightseeingbrussel.be

Brüssel sehen, Brüssel verstehen

„Voir et dire Bruxelles" („Brüssel sehen, Brüssel verstehen"), ist das Motto, unter dem sich die Veranstalter **Arau, Arkadia, Babbelbus (Bus Bavard)** und **Pro Velo** (s. S. 107) zusammengeschlossen haben. Sie bieten ihren Kunden themenorientierte und individuelle Stadtführungen (Infos im Web unter www.voiredirebruxelles. be).

> ❯ **Arau (Atelier de Recherche et d'Action Urbaines)**, Boulevard Adolphe Max 55, Tel. 02 2193345, www.arau.org. Die auf

Architektur und Stadtentwicklung spezialisierte Agentur erläutert auf ihren Touren vor allem politische und gesellschaftliche Strukturen.

> **Arkadia.Be,** Rue Royale 2–4, Tel. 02 5636153, www.asbl-arkadia.be. Mit Kunsthistorikern die Stadt erobern, individuelle Führungen vom Feinsten! Im Angebot stehen fast ein halbes Hundert französischsprachiger Touren – auch abendliche Spaziergänge.

> **Bus Bavard,** Rue des Thuyas, Tel. 02 6731835, www.busbavard.be. Individuelle, themenorientierte Spaziergänge von April bis Dezember

> **Itinéraires,** Rue de L'Aqueduc 171, Tel. 02 5410377, www.itineraires.be. Dutzende von Führungen in französischer Sprache – etwa durch das schwule Brüssel oder zu den Heiligen der Stadt.

Ungewöhnliche Touren

Mit dem **Schiff** ist Rivertours (www. rivertours.be) im Sommer auf Brüssels Kanälen unterwegs. Bei Pro Velo (s. S. 107) tourt man mit dem **Rad** durch die Stadt. Bis zu 4 Stunden dauernde **Fahrradführungen** mit einer angemessenen Kaffeepause bietet die Firma Cactus & Co in deutscher Sprache von Frühjahr bis Herbst (www.cactus-co.be, 20 €). Das **kulinarische Brüssel** können Sie mit einem Führer von Vizit (www.vizit.be) durchstreifen. Ihr Credo: „Wir naschen während des Spaziergangs nach Herzenslust von lokalen Spezialitäten." Ganz individuell und kostenlos zeigen **engagierte Europäer,** die so für Brüssel werben wollen, auf einem Rundgang ihre Stadt. Mehr unter www.brussels.greeters.be.

055br Abb.: gs

Telefonieren

Telefonieren ist in Brüssel kein Problem, auch wenn öffentliche **Telefonzellen** immer weniger werden. Sie funktionieren in der Regel mit einer Telecard, die es in Postämtern, Zeitungskiosken oder sogenannten Belgacom-Shops zu kaufen gibt.

Die **Ortsnetzvorwahl** von Brüssel lautet 02. Bei Anrufen aus Deutschland, Österreich und der Schweiz entfällt die 0 allerdings, sodass man nach Brüssel immer 00322 wählt und anschließend die lokale Rufnummer. Bei **Ortsgesprächen** muss man die Null der Ortsnetzkennzahl (02) immer mitwählen. Die nationale Auskunft ist unter 1307, die internationale unter Tel. 1304 zu erreichen.

Internationale Vorwahlen

> **Belgien:** Tel. +32
> **Deutschland:** Tel. +49
> **Österreich:** Tel. +43
> **Schweiz:** Tel. +41

⌂ Wohin als Nächstes?

Unterkunft

Hotels in Brüssel sind meist teuer, zumindest die Woche über, wenn die gut 20.000 Betten vor allem Politbedienstete und Geschäftsreisende nutzen. Am **Wochenende**, in den Ferienmonaten **Juli und August** und an vielen **Feiertagen** aber ist es umgekehrt und die Hoteliers locken mit kräftigen **Rabatten** von teilweise mehr als 50 Prozent. Dann werden auch Luxusquartiere erschwinglich und man kann für rund 100 € Zimmer beziehen, die zu Spitzenzeiten 200 oder gar 300 € kosten. Wer Brüssel über ein verlängertes Wochenende besucht, sollte deshalb immer die **Sonderangebote der großen Luxushotels** nutzen, die – betrachtet man das Preis-Leistungs-Verhältnis – meist interessanter sind als Angebote von 2- oder 3-Sterne-Herbergen.

EXTRATIPP

Sich Wohlfühlen in Ixelles

Mitten im Szeneviertel unweit der Avenue Louise verwöhnt das **Boutiquehotel Odette en Ville** in einem alten Wohnhaus aus den 1920er-Jahren, das die Eigner zu einer **Wohlfühl-Oase** gemacht haben, seine Gäste. Hier ist man keine Nummer, sondern wirklich Gast. Jedes der acht Zimmer hat einen individuellen Charakter. Zum Hotel zählen ein **Restaurant** und eine gemütliche **Loungebar**, was sich vor allem im Winter auszahlt, wenn der Wind um die umliegenden Jugendstilbauten pfeift und man nicht mehr groß aus dem Haus will. Sogar eine kleine **Bibliothek** gibt es, in der man in opulenten Kunstbüchern blättern kann. Und auch ihr **Haustier** ist bei Odette willkommen!

🏨**150** [H10] **Odette en Ville** €€€€€,
Rue du Chatelain 25, Tel. 026402626,
www.chez-odette.com

Inzwischen machen viele Hotels ihren Umsatz auch über das Frühstück, das ein Doppelzimmer schnell 30 oder 40 € teurer machen kann. Deshalb sollten Sie die Preise immer genau vergleichen. Immer mehr Gäste logieren so heute in edlen Herbergen, frühstücken aber nach Lust und Laune im Café um die Ecke – auch oft zu Zeiten, wenn die Frühstücksbüfetts in den Hotels längst abgeräumt sind.

Im Übrigen öffnen in der Stadt immer mehr **Bed and Breakfasts**, die in der Regel privat geführt werden (www.bnb-brussels.be). Auch einfache **Zimmer** werden immer häufiger tages-, wochen- oder monatsweise vermietet. Hunderte möblierte Studios und Apartments managt das Internetportal www.homeinbrussels.be, das vor allem im Europaviertel und in den gehobenen Wohnquartieren Zimmer im Angebot hat. Meist **preiswerte, private Unterkünfte** in Brüssel listet die Website www.brusselsdestination.be.

Alle Hotels sind von den Tourismusbehörden klassifiziert. In der Regel findet sich am Hoteleingang ein blaues Schild mit Sternen, deren Zahl Aufschluss über die Qualifizierung gibt. Dem Gütesiegel zugrunde liegen Fragebögen, in denen Ausstattung und Komfort der Herbergen markiert werden müssen. Ein 24-Stunden-Service an der Rezeption oder ein Schwimmbad fällt dabei stärker ins Gewicht als die individuelle Ausstattung der Zimmer oder gar die Qualität des Services.

Das Verkehrsamt der Stadt gibt jährlich ein aktualisiertes Hotelverzeichnis heraus, das einem die Qual der Wahl bei der Suche nach einer passenden Unterkunft erleichtert. Ein Hotelverzeichnis findet sich auch auf

der Website www.belgien-tourismus.
de. Hotelbuchungen können auch direkt das Buchungsportal des Touris-
tenbüros (www.visitbrussels.be), vor-
genommen werden.

Unterkunftsempfehlungen

Hotels

🏨 **151** [K7] **Aloft Brussels Schumann** €€-€€€,
Place Jean Rey, Tel. 02 8000888, www.
aloftbrussels.com. Hotel im Europaviertel mit extra großen Duschen und Flach-
bildschirmen, rollstuhltauglich, WLAN.

🏨 **152** [E7] **Be Manos** €€€-€€€€, Square de
l'Aviation 23–27, Tel. 02 5206565,
www.bemanos.com. 5-Sterne-Haus
nahe Gare du Midi **36**. 60 komfortable
Zimmer, Freiluft-Bar im Sommer, WLAN.

🏨 **153** [H4] **Crowne Plaza Brussels –
Le Palace** €€€-€€€€, Rue Gineste 3,
www.crowneplazabrussels.be, Tel. 02
2036200. Komfortables Haus mit großer
Geschichte in der Nähe des Nordbahn-
hofs. Gina Lolobrigida war hier ebenso
Gast wie Brigitte Bardot. WLAN-Hotspot

🏨 **154** [I4] **Hotel Bloom!** €-€€, Rue Royale
250, www.hotelbloom.com, Tel. 02
2206611. Geräumiges Boutiquehotel
mit über 300 individuell gestylten,
hellen Zimmern neben dem Botanischen
Garten. Sehr gutes Preis-Leistungs-
Verhältnis, WLAN.

🏨 **155** [D10] **Hotel de Fierlant** €, Rue de
Fierlant 67, www.hoteldefierlant.be, Tel.
02 5386070. Ganz in beige und schoko-
farben präsentieren sich je 20 neu renovierte Raucher- und Nichtraucherzimmer.
Das Hotel liegt in ruhiger Umgebung im
Stadtteil Forest, WLAN.

🏨 **156** [F6] **Marriott Hotel** €€€€-€€€€€, Rue
Auguste Orts 3–7, Tel. 02 5169090,
www.marriott.com. 4-Sterne-Hotel in
Bestlage gegenüber der Börse mit dem
Ausgeh- und Einkaufsviertel vor der
Haustür. Gediegene Zimmer und reich-
haltiges Frühstücksbuffett, WLAN.

🏨 **157** [G7] **NH-Hotel du Grand
Sablon** €€-€€€, Rue Brodenbroek 2–4, Tel.
02 5181100, www.nh-hotels.com. 193
Zimmer gegenüber der Sablonkirche in
Fußweite der großen Museen. Restau-
rant im Haus, WLAN.

🏨 **158** [G9] **Pantone** €€-€€€, Place Loix 1,
Tel.02 5414898,www.pantonehotel.
com. 59 Zimmer und Suiten im Trend-
viertel St. Gilles. Nur Nichtraucherzimmer
für abenteuerlustige Globetrotter.
WLAN.

🏨 **159** [E8] **Park Inn Brussels Midi** €-€€€,
Place Marcel Broodthaers 3, Tel. 02
5351400, www.parkinn.com. Modernes
Hotel gegenüber dem Gare du Midi **36**
mit besten Verkehrsanbindungen. 142
Zimmer mit Klimaanlage und Kabel-TV,
kstenfrei WLAN.

🏨 **160** [J8] **Radisson Blu EU-Hotel** €-€€€,
Rue d'Idalie 35, Tel. 02 626811, www.
radissonblu.com/euhotel-brussels. 149
vom italienischen Stardesigner Matteo
Thun entworfene Zimmer im Europaviertel, interessante Wochenendpakete mit
Metropass und Museumseintritt, WLAN.

🏨 **161** [G6] **Radisson Blu Royal** €€€€,
Rue du Fossé-aux-Loups 47, Tel. 02
2273131, www.radissonblu.com/
royalhotel-brussels. 4-Sterne-Haus im
Herzen der Stadt, die sich um einen
architektonisch einmaligen Innenhof
fügen. Internationale Atmosphäre und
großes Frühstücksbüfett. WLAN.

162 [G6] **The Dominican** €€€€-€€€€€, Rue Léopold 9, Tel. 02 2030808, www.thedominican.be. Schick gestyltes Designhotel gegenüber der Oper. Feinste Eleganz und perfekter Service, Restaurant, Bar, Sauna und Fitnessräume im Haus, WLAN.

163 [G4] **Thon Hotel Brussels City Centre** €€€-€€€€€, Avenue du Boulevard 17, Tel. 02 2051511, www.thonhotels.com. Renoviertes 4-Sterne-Haus mit Panorama-Sauna. Eigene Lounge-Bar und Restaurant, kostenloses WLAN, auch Zimmer für Allergiker und Menschen mit Behinderung.

164 [G9] **Vintage Hotel** €-€€, Rue Dejonker 45, Tel. 02 5339980, www.vintagehotel.be. Nostalgisches Boutiquehotel im Stil der 1970er–Jahre nahe der U-Bahn-Station Louise, kostenloses WLAN und Parkplatz.

⌄ *Entspannung im Leseraum des Vintage Hotel*

Jugendherbergen

165 [I5] **Auberge de Jeunesse Jaques Brel** €, Rue de la Sablonnière 30, Tel. 02 2180187, www.lesauberges dejeunesse.be. Einfache, aber oft auch laute Herberge mit 174 Betten. Zum Haus gehört auch eine Bar, in der man kleine Gerichte zu sich nehmen kann. Doppelzimmer ab 50 €. WLAN.

166 [I5] **Centre Vincent van Gogh (CHAB)** €, Rue Traversière 8, Tel. 02 2170158, www.chab.be. Schlichte Herberge in der Nähe des Botanischen Gartens mit Zimmern für zwei bis zehn Personen. WLAN.

167 [G7] **Jugendherberge Brueghel** €, Rue du Saint-Esprit 2, Tel. 02 5110436, www.hihostels.com. Jugendherberge in der Stadtmitte mit 135 Betten in 48 Zimmern. Rollstuhltauglich und mit Fahrradparkplatz.

168 [D5] **Jugendhotel „Generation Europe"** €, Rue de l'Eléphant 4, Tel. 02 4103858, www.hihostels.com. Zentral gelegenes Hostel mit 164 Betten in Zimmern für 2 bis 6 Personen.

080br Abb.: gs

054br Abb.: gs

169 [H5] **Sleep Well – Espace du Maris** €–€€, Rue du Damier 23, Tel. 02 2185050, www.sleepwell.be. Behindertengerechtes Jugendhaus in der Stadtmitte , renoviert und neu eingerichtet. 240 Betten in Einzel- bis 8-Bett-Zimmern.

Camping

Brüssel kennt keine Campingplätze wie andere Großstädte. Wer mit dem Wohnmobil unterwegs ist, muss weit außerhalb der Stadt Station machen. Für Zelter bietet sich im Juli und August folgender Platz:

170 [J8] **La Viale Europe Camping** (A Ciel Ouvert), Chaussée de Wavre 205, Tel. 02 6407967, 7–14 € je Zelt plus 7 € p. P.

Der architektonisch interessante Innenhof des Hotels Radisson Blu Royal

Verhaltenstipps

> Manchmal entpuppen sich Straßenmarkierungen als **gefährliche Stolperfallen!**

> **Essens- und Getränkerechnungen** werden traditionell nur **pro Tisch** bezahlt. Es sollte also immer einer aus der Runde in Vorlage treten. Allerdings sind es viele Kellner in Brüssel inzwischen gewohnt, die Rechnungssumme individuell aufzuteilen, was Sie aber mit einem extra Trinkgeld belohnen sollten.

> **Drogen** sind in Belgien verboten. Gelegentlich gibt es auch Razzien.

> Taxifahrer erwarten kein großes **Trinkgeld,** freuen sich aber, wenn man auf einen vollen Eurobetrag aufrundet. In Restaurants, Kneipen und Cafés ist bereits ein Bedienungszuschlag im Preis inbegriffen. Trotzdem kann man, wenn man mit dem Service besonders zufrieden war, noch etwas dazugeben. Platzanweiser in Kinos und Theatern er-

warten 1 €, Gepäckträger an Brüssels Bahnhöfen 5 € pro Gepäckstück. 1 € für den Türsteher beim Verlassen einer Diskothek erleichtern beim nächsten Mal den Eintritt. In öffentlichen Toiletten ist der Preis meist angeschlagen, wenn nicht, gibt man 0,50 €. Auch das Personal in Hotels freut sich, wenn man ein Trinkgeld gibt.

> **Wildpinkler** erwarten kräftige Strafen. Sie schwanken zwischen 40 € im Stadtteil Anderlecht und 250 € im Szeneviertel Ixelles, weil Brüssels Stadtteilgemeinden alle ihre eigenen Regelungen haben.

Verkehrsmittel

Metro

Metrostationen kennzeichnen ein Schild mit einem großen **weißen M auf blauem Hintergrund.** Die Metro ist das schnellste Verkehrsmittel der Stadt. In fast einem Dutzend der Stationen werden eigene **Informations- und Verkaufsbüros** unterhalten, die gewöhnlich täglich von 6.30–21.30 Uhr geöffnet sind. Die übrigen Stationen sind mit **Fahrkartenautomaten** ausgestattet. Die **Zielstationen** der Bahnen signalisieren wie auch bei Bus und Tram Leuchtschriften an der Stirnseite.

Bus und Straßenbahn

Rot-weiße Schilder markieren die rund 2200 Haltestellen von Bussen und Straßenbahnen. Wie die Metro verkehren auch sie gewöhnlich zwischen 6 und 24 Uhr. Freitag- und samstagabends gibt es zudem bis 3 Uhr zahlreiche **Nachtverbindungen** (Routen unter www.stib.be/noctis). Die entsprechenden Haltestellen sind mit der weißen Aufschrift „Noctis" auf blauem Grund gekennzeichnet.

Straßenbahnen und Busse im Stadtverkehr tragen zweistellige **Liniennummern,** Busse, die das Umland bedienen, dreistellige. Einen entsprechenden Routenplaner für den öffentlichen Nahverkehr gibt es im Internet unter www.stib.be. Über die aktuellen **Abfahrtszeiten** der Busse und Bahnen informiert eine App der Verkehrsbetriebe die mit einem in-

053br Abb.: gs

▷ *Kunstbühne Metro: In den meisten Stationen finden sich interessante Wandmalereien*

ternetfähigen Handy ausgestatteten Wartenden.

Wer in Bus oder Tram einsteigen will, muss dies dem Fahrer per **Handzeichen** ankündigen. Beim **Aussteigen** ist eine Klingel zu drücken, die dem Fahrer signalisiert, dass man das Fahrzeug verlassen möchte. Wenn Tram oder Bus halten, ist die **Türtaste** für den Ausstieg zu drücken. Achten Sie dabei aber genau darauf, dass Sie nicht versehentlich die rote Notruftaste betätigen, die ähnlich aussieht. Im Allgemeinen erwarten die Fahrer, die nur Einzeltickets verkaufen, das man das Fahrgeld **abgezählt bereithält**. Sie sind nicht verpflichtet, auf mehr als 5 € Wechselgeld herauszugeben.

Mit jedem Ticket kann man in Groß-Brüssel jedes Verkehrsmittel nutzen: also Metro, Straßenbahn und Bus. Bei jedem Ein- oder **Umsteigen** muss das Einzelticket, das eine Stunde gültig ist, **neu abgestempelt** werden. Das gilt übrigens auch für Tages-

und Mehrtageskarten. Einzeltickets, die man beim Fahrer kauft, sind immer teurer als Karten aus den Automaten. Am besten fährt man mit dem Kauf einer **Fünfer- oder Zehnerkarte** oder mit einer **Tageskarte**, die man sich vor Fahrtantritt an einem Fahrkartenautomaten oder bei einer Vorverkaufsstelle (Kiosk, Zeitungsladen etc.) besorgen sollte. Der Preis für eine **Einzelfahrt** liegt bei 2 € (2,50 € beim Fahrer), eine innerhalb von 24 Stunden genutzte **Hin- und Rückfahrkarte** schlägt mit 3,50 € zu Buche. Touristen fahren am besten mit den Tageskarten. So kostet eine Karte für einen Tag 6,50 €, für zwei Tage 11 € und für drei 14 €. Eine Alternative ist die *Brussels Card* (s. S. 102), die neben kostenlosen Fahrten mit Bussen und Bahnen noch eine Reihe weiterer Vergünstigungen bietet.

Übrigens: Auch Busse sind nicht vor **Staus** gefeit. Schneller ist die Tram, die werktags gewöhnlich alle 10 bis 15 Minuten verkehrt. Ein knappes

052br Abb.: gs

Zehntel ihres Schienennetzes verläuft unterirdisch, weshalb viele Straßenbahnen auch Premetro genannt werden.

› **Infobüro der Societé des Transports Intercommunaux bruxellois (STIB):** Rue Royale 76, Tel. 070 232000, www.stib.be

Taxi

Taxen können jederzeit auf der Straße angehalten, telefonisch gerufen oder an einem der zahlreichen Taxistände aufgesucht werden. Sie finden sich in der Innenstadt vor allem vor den großen **Bahnhöfen** oder der **Börse** ❻. Ob ein **Taxi frei** ist, sieht man nicht an der Dachbeleuchtung, sondern an einem weißen Schild mit der Aufschrift „libre", das an der Frontscheibe des Beifahrersitzes heruntergeklappt ist. Eine **zentrale Taxinummer** gibt es nicht, man muss die Unternehmen direkt kontaktieren. Nachts zwischen 23 und 6

Uhr können auch **Sammeltaxen** genutzt werden, die nach Vorbestellung (www.collecto.org) von knapp 200 Bus- oder Straßenbahnhaltestellen abfahren (6 €). Der **Grundpreis** für Taxifahrten beträgt im Großraum Brüssel tagsüber 2,40 €, nachts (22–6 Uhr) 4,40 €. Dazu kommen **Kilometergelder**, je nachdem, wann und wohin die Fahrt geht. Wartezeiten werden mit 30 € pro Stunde berechnet. Manche Unternehmen bieten einen Sondertarif zum Flughafen.

› Autolux: Tel. 02 4114142
› Taxis Bleus: Tel. 02 2680000
› Taxis Verts: Tel. 02 3494949

Wetter und Reisezeit

Brüssel ist zu jeder Jahreszeit eine Reise wert. Die **Durchschnittstemperatur** im Sommer beträgt knapp 20 Grad, die im Winter rund 5 Grad. Auf alle Fälle gehört **Regenkleidung** ins Reisegepäck, weisen die Klimadaten doch das ganze Jahr über Niederschläge aus. November bis Januar regnet es statistisch am häufigsten, am wenigsten von Juni bis September. Schnee und Dauerfrost sind selten, in langjährigen Aufzeichnungen sind sie meist nur in Januar- und Februarnächten ausgewiesen. Aktuelle Wetterinformationen finden sich im Internet unter www.meteo.be.

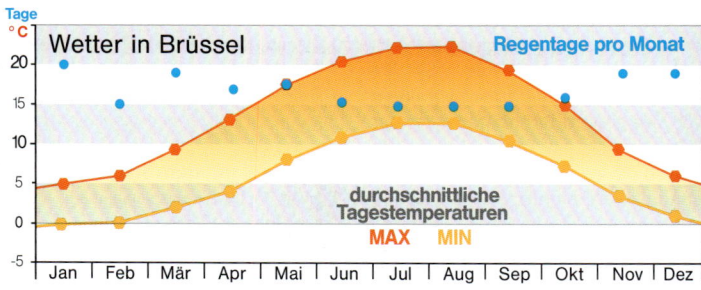

Anhang

Kleine Sprachhilfe

Die folgenden Wörter und Redewendungen wurden dem Reisesprachführer „Französisch – Wort für Wort" (Kauderwelsch-Band 40) aus dem REISE KNOW-HOW Verlag entnommen.

Lautschrift

Hier sind diejenigen Lautschriftzeichen aufgeführt, deren Aussprache abweichend vom Deutschen ist bzw. sein kann

sh	stimmhaftes „sch" wie das zweite „g" in „Garage"
s	stimmhaftes „s" wie in „Rose"
ß	stimmloses „s" wie in „Bus"
e	langes „e" wie in „Tee"
ö	unbetont wie auslautendes „e" in „Hose"
ā	nasaliertes „a" wie in „Abonnement"
ē	nasalierter „ä"/„ö"-Laut wie in „Mannequin"
ō	nasaliertes „o" wie in „Beton"

Häufig gebrauchte Wörter und Redewendungen

oui	(ui)	ja	15	(kēs)	quinze
non	(nō)	nein	16	(säs)	seize
merci	(märßi)	danke	17	(dißät)	dix-sept
s'il vous	(ßilwu	bitte	18	(dißüit)	dix-huit
plaît	plä)		19	(dißnöf)	dix-neuf
Salut!	(ßalü)	Hallo!	20	(wē)	vingt
Salut!	(ßalü)	Tschüss!	30	(trāt)	trente
Bonjour!	(bōshur)	Guten Tag!	40	(karāt)	quarante
Bonsoir!	(bōßoar)	Guten Abend!	50	(ßēkāt)	cinquante
Au revoir!	(oh röwoar)	Auf Wiedersehen!	60	(ßwaßāt)	soixante
			70		soixante-dix
Pardon! /	(pardō /	Entschuldigung!	80		quatre-vingt
Excusez-moi!	äxküsemoa)		90		quatre-vingt-dix
			100	(ßō)	cent

Zahlen

1	(ē, ün)	un, une
2	(dö)	deux
3	(troa)	trois
4	(katr)	quatre
5	(ßēk)	cinq
6	(ßiß)	six
7	(ßät)	sept
8	(üit)	huit
9	(nöf)	neuf
10	(diß)	dix
11	(ōs)	onze
12	(dus)	douze
13	(träs)	treize
14	(kators)	quatorze

Die wichtigsten Zeitangaben

hier	(jär)	gestern
aujourd'hui	(oshurdüi)	heute
demain	(dömē)	morgen
après-demain	(aprä dömē)	übermorgen
le matin	(lö matē)	morgens
à midi	(a midi)	mittags
l'après-midi	(laprä midi)	nachmittags
le soir	(lö ßoar)	abends
la nuit	(la nüi)	nachts
tous les jours	(tu le shur)	tagtäglich
avant	(awā)	früher
plus tard	(plü tar)	später
maintenant	(mētönā)	jetzt
tôt	(toh)	bald

+++ NEU: Die wichtigsten Wörter mit dem Bonus-Audiotrack des Kauderwelsch-

Kleine Sprachhilfe

Die wichtigsten Fragewörter

qui?	(ki)	wer?	*comment?*	(komē)	wie?
quoi?	(qua)	was?	*combien?*	(kõbiē)	wie viel?
où?	(u)	wo?	*quand?*	(kã)	wann?
d'où?	(du)	woher?	*depuis quand?*	döpüi kã)	seit wann?
où?	(u)	wohin?	*combien*	(kõbiē)	wie lange?
pourquoi?	(purqua)	warum?	*de temps?*	dö tã)	

Die wichtigsten Richtungsangaben

à droite	(a droat)	rechts / nach rechts	*proche / près d'ici*	(prosch / prä dißi)	nah/ in der Nähe
à gauche	(a gohsch)	links / nach links	*loin*	(loē)	weit
			de retour	(dö rötur)	zurück
tout droit	(tu droa)	geradeaus	*le carrefour*	(karfur)	die Kreuzung
en face	(ã faß)	gegenüber	*le feu*	(fö)	die Ampel
ici	(ißi)	hier	*au coin*	(o koē)	an der Ecke
là	(la)	dort	*au centre*	(o ßãtr)	im Zentrum
juste ici	(shüst ißi)	gleich hier	*dehors de la ville*	(döor dö la wil)	außerhalb der Stadt

Die wichtigsten Floskeln und Redewendungen

Soyez le bienvenu! / Soyez la bienvenue!	(ßoaje lö/ la biēwönü)	Herzlich willkommen! (m/w)
Comment allez-vous?	(komãtalewu?)	Wie geht es Ihnen?
Ça va?	(ßa wa?)	Wie gehts?
Ça va.	(ßa wa?)	Danke gut.
Bonne chance!	(bõn schäß)	Viel Erfolg!
Je ne sais pas.	(shö nö ßä pa)	Ich weiß nicht.
Bon appétit!	(bõ apeti)	Guten Appetit!
A votre santé!	(a wotr ßãte)	Zum Wohl!
L'addition, s'il vous plaît!	(ladißjõ, ßilwuplä)	Die Rechnung bitte!
Félicitations!	(felißitatßjõ)	Glückwunsch!
Dommage!	(dohmash)	Schade!
Je suis désolé(e).	(shö ßüi desole)	Es tut mir sehr Leid!
Est-ce qu'il y a ...?	(äß kilja ...)	Gibt es ...?
Est-ce que vous avez ...?	(äß kö wusawe ...)	Haben Sie ...?
J'ai besoin de ...	(shä bösõ dö ...)	Ich brauche ...
S'il vous plaît, donnez-moi ...	(ßilwuplä, done-moa ...)	Geben Sie mir bitte ...
Où est-ce qu'on peut acheter ...?	(u äß kõ pö aschte ...)	Wo kann man ... kaufen?
Combien coûte ...?	(kõbiē kut ...)	Wie viel kostet ...?
Je cherche ...	(shö schärsch ...)	Ich suche ...
Où est ...?	(u ä ...?)	Wo ist ...?
Où se trouve ...?	(u ßö truw ...?)	Wo befindet sich ...?
Je veux aller à ...	(shö wö ale a ...)	Ich möchte nach ...

AusspracheTrainers auf PC oder Smartphone lernen (siehe Umschlag hinten) +++

Kleine Sprachhilfe

Pourriez-vous m'emmener à ...?	(purie wu mãmöne a?)	Bringen Sie mich zu/nach ...
Aidez-moi, s'il vous plaît!	(äde-moa, ßilwuplä)	Helfen Sie mir bitte!
A quelle heure?	(a käl-ör?)	Um wie viel Uhr?
Vous permettez?	(wu pärmäte?)	Gestatten Sie?

Nichts verstanden? – Weiterlernen!

Je parle seulement un peu.	(shö parl ßölmã ē pö)	Ich spreche nur ein bisschen.
Comment?	(komã?)	Wie bitte?
Je n'ai pas/ rien compris.	(shö nä pa/ riē kõpri)	Ich habe nicht/ nichts verstanden.
Est-ce que quelqu'un parle anglais?	(äß-kö kälkē parl ãglä?)	Spricht hier jemand Englisch?
Comment traduit-on ... en français?	(komã tradüitõ ... ã frãßä?)	Was heißt ... auf Französisch?
Comment prononce-t-on ce mot?	komã pronõßtõ (ßö moh?)	Wie spricht man dieses Wort aus?
Répétez, s'il vous plaît!	(repete, ßilwuplä)	Wiederholen Sie bitte!
Parlez plus lentement, s'il vous plaît!	(parle plü lãtmã, ßilwuplä)	Sprechen Sie bitte langsamer!
Pourriez-vous me l'écrire, s'il vous plaît?	(purie-wu mö lekrir, ßilwuplä?)	Können Sie mir das bitte aufschreiben?

Wochentage

lundi	(lēdi)	Montag
mardi	(mardi)	Dienstag
mercredi	(märkrödi)	Mittwoch
jeudi	(shödi)	Donnerstag
vendredi	(wēdrödi)	Freitag
samedi	(ßamdi)	Samstag
dimanche	(dimãsch)	Sonntag

Jahreszeiten

le printemps	(prētã)	Frühling
en printemps	(ã prētã)	im Frühling
l'été	(ete)	Sommer
en été	(ãn-ete)	im Sommer
l'automne	(ohton)	Herbst
l'hiver	(iwär)	Winter
la saison	(ßäsõ)	Jahreszeit

Monate

janvier	(shãwie)	Januar
février	(fewrie)	Februar
mars	(marß)	März
avril	(awril)	April
mai	(mä)	Mai
juin	(shüē)	Juni
juillet	(shüijä)	Juli
aôut	(ut)	August
septembre	(septēbr)	September
octobre	(oktobr)	Oktober
novembre	(nowēbr)	November
décembre	(deßēbr)	Dezember

Register

Register

Cityatlas

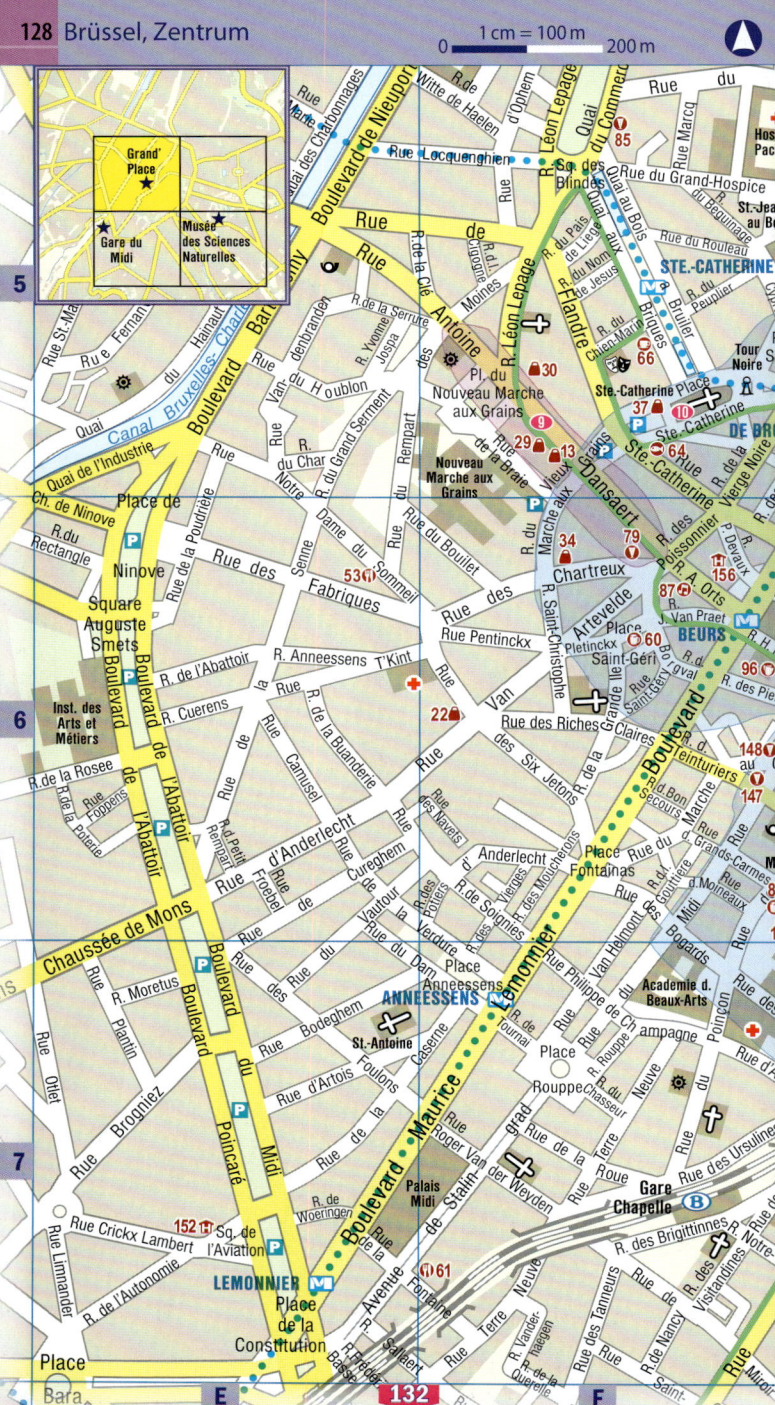

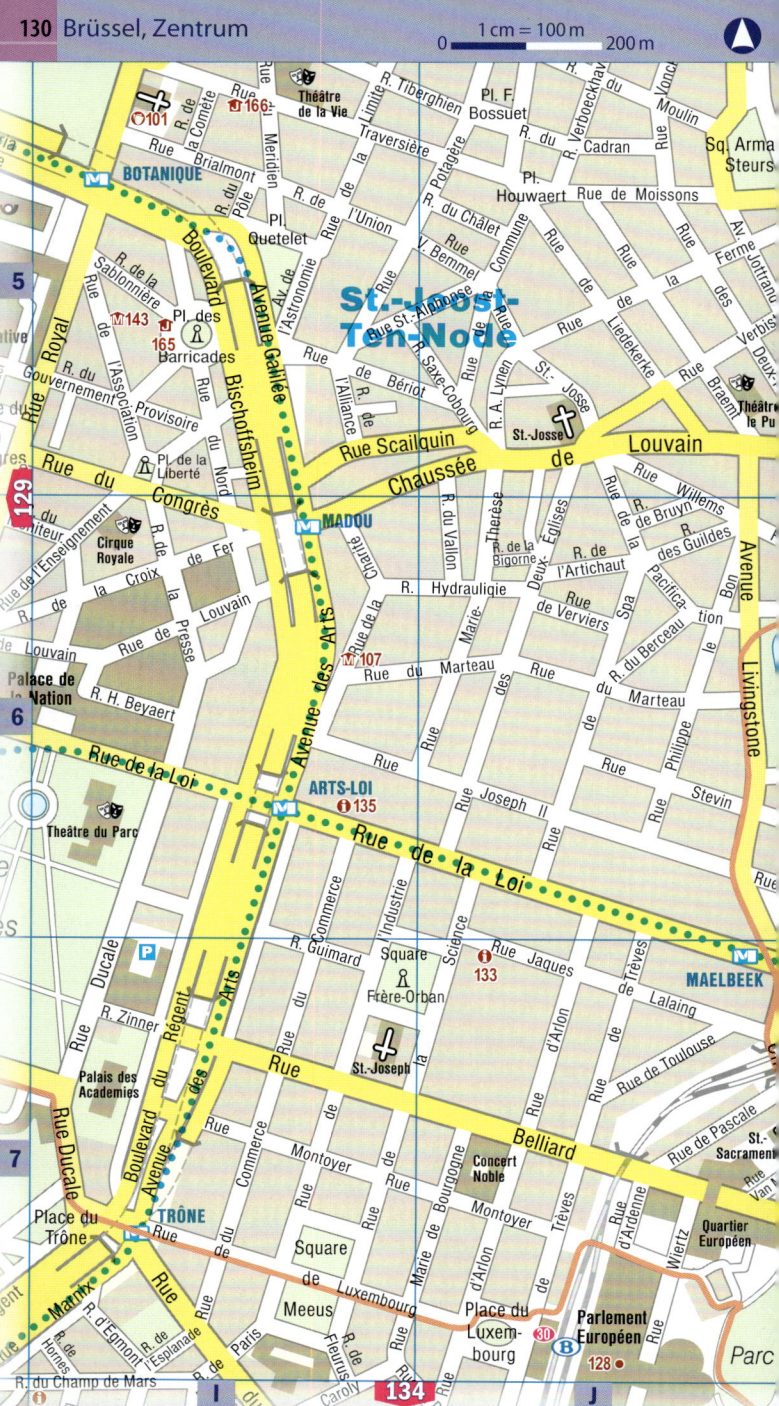

0 1 cm = 100 m 200 m

Théâtre de la Vie

BOTANIQUE

R. de la Comète
Rue de Brialmont
Rue Méridien
Pl. Quetelet
R. de l'Union

PL. F. Bossuet
R. du Cadran
Av. du Moulin
Sq. Arma Steurs

Pl. Houwaert Rue de Moissons

R. du Chalet
V. Bemmel

St-Joost-Ten-Node

Rue St-Alphonse
R. Saxe-Cobourg
R. A. Lynen
St. Josse
Rue Liedekerke
Rue Deux-

Théâtre le Pu

R. de la Sablonnière
Pl. des Barricades
R. du Gouvernement
R. de l'Association
Provisoire
Pl. de la Liberté

Rue d'Astronomie
Rue de l'Alliance
R. de Bériot

Rue Scailquin
R. St-Josse
St-Josse
de Louvain

Rue du Congrès
Boulevard Bischoffsheim
R. du Nord

Chaussée
R. du Vallon
R. Thérèse
Rue des Eglises
Rue Willems
Rue de la
R. de Bruyn
R. des Guildes

MADOU
R. de la Charité
R. de la Bigorne
R. de l'Artichaut
Pacifica-tion
Avenue

Cirque Royale
de Fer
R. de la Croix

R. Hydrauligie
Deux-
Rue de Verviers
Spa
R. du Berceau
le

R. de la Presse
Avenue des Arts
R. de la
Rue Marie
Rue
Rue du Marteau
Livingstone

Palace de la Nation
R. H. Beyaert

Rue du Marteau
des
Rue
du Marteau

Rue de la Loi
Rue
Rue
Philippe
Rue Stevin

Théâtre du Parc
ARTS-LOI 135
Rue de la Loi
Rue Joseph II
Rue
MAELBEEK

R. Ducale
R. Zinner
Boulevard du Régent
Rue des Arts
R. Guimard
R. Commerce
Industrie
Square Frère-Orban
Science
Rue Jaques
133
Rue de Tréves
de Lalaing
d'Arlon
Rue de Toulouse

Palais des Académies
Rue
St-Joseph
de Pascale
St-Sacrament
Van

Belliard
Rue Ducale
R. Commerce
Montoyer
Rue
Concert Noble
Montoyer
Tréves
Rue d'Ardenne
Quartier Européen

Place du Trône
TRÔNE
Rue
Square de Luxembourg
Marie de Bourgogne
d'Arlon
Tréves
Place du Luxem-bourg
128
Parlement Européen

Matrix
R. d'Egmont
R. de l'Esplanade
Meeus
R. de Paris
Fleurus
30
B
Parc

R. du Champ de Mars
134

5
129
6
7

I **J**

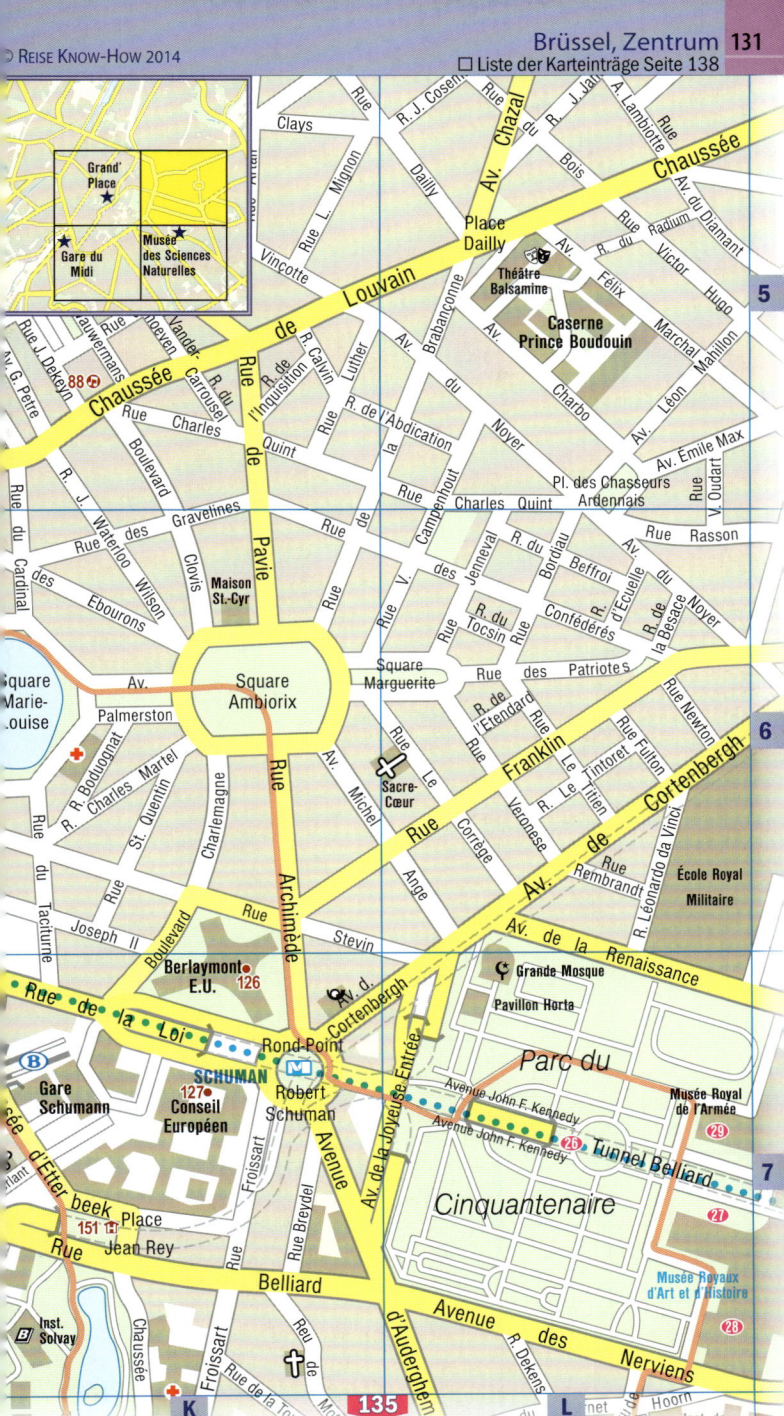

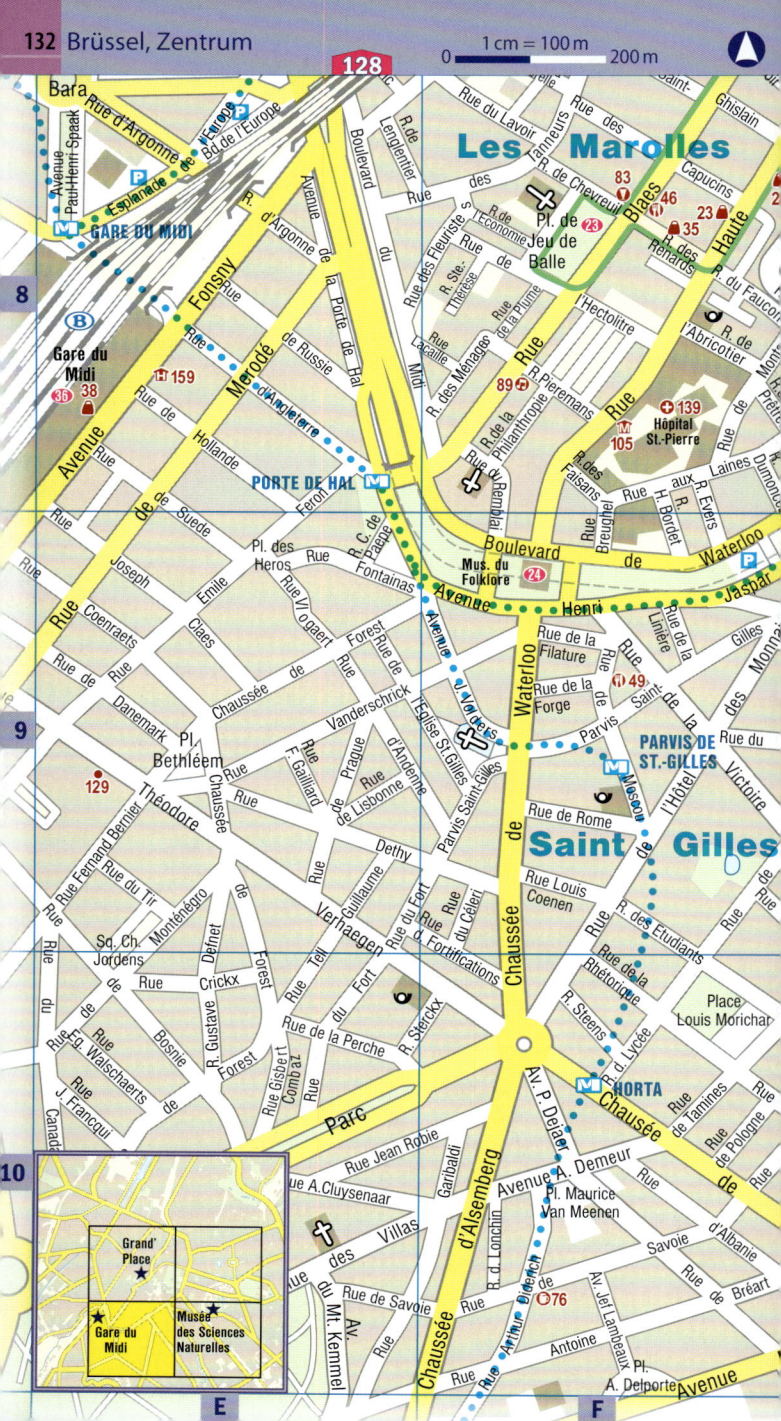

1 cm = 100 m

0 ___ 200 m

128

Bara

Rue d'Argonne

Avenue Paul-Henri-Spaak

Esplanade

Bd de l'Europe

GARE DU MIDI

Les Marolles

Rue du Lavoir

Rue des Tanneurs

Rue de Chevreuil

Rue des Capucins

Ghislain

Pl. de Jeu de Balle

83

46

23

35

2

Haute

Blaes

Rue des Renards

R. du Faucon

8

Gare du Midi

159

36 38

Fonsny

Rue

Rue

Merode

de Russie

de la Porte de Bal

d'Argonne

Avenue de la Porte de Bal

Rue des Fleuristes

R. Ste-Thérèse

R. de l'Économie

Rue des Ménages

R. Lacaille

Rue de la Plume

Rue

89

R. Piéremans

R. de la Philanthropie

R. des Faisans

Hôpital St-Pierre

139

105

R. de l'Abricotier

R. de

Rue de Hollande

Avenue

Rue

de Suede

PORTE DE HAL

Ferof Rue

Midi

R. V. Rensal

Rue du

Laines

H. aux

R. Evers

H. Bordet

Breughel

Dumonceau

Prince

Waterloo

9

Pl. des Heros

R. C. de Paape

Fontainas

Mus. du Folklore

24

Boulevard

Avenue

Henri

de

Jaspar

Joseph

Rue

Emile

Claes

Rue Coenraets

Chaussée

de

Rue

Forest

Rue de l'Église St-Gilles

Rue de Mérode

Rue de la Filature

Rue de la Forge

Rue de la Linière

Gilles

des

Monnai

49

Danemark

Pl. Bethléem

129

Théodore

Vanderschrick

Rue R. F. Gaillard

Prague

Rue d'Andenne

Rue de Lisbonne

Rue d'Anderlecht

Parvis Saint-Gilles

Waterloo

Parvis

Saint-

PARVIS DE ST.-GILLES

Rue de l'Hôtel

Meuse

Victoire

Rue du

Chaussée

Rue

Rue

Rue

Dethy

Guillaume

Rue du Fort

Rue des Fortifications

Rue de Rome

Saint Gilles

Rue Louis Coenen

R. des Étudiants

Rue de la Rhétorique

Rue

Rue

de

Rue

Sq. Ch. Jordens

Montenégro

Defnet

Forest

Crickx

R. Gustave

Bosnie

Rue

Verhaegen

Rue Teil

Rue du Fort

R. Sterckx

R. Steens

R. du Lycée

Place Louis Morichar

Rue de Pologne

Rue

Rue Fernand Bernier

Rue du Tir

Rue de la Perche

Rue Gisbert Combaz

Parc

HORTA

Chaussée

de Tamines

d'Albanie

10

Grand' Place

Gare du Midi

Musée des Sciences Naturelles

J. Francqui

Canada

Rue A.Cluysenaar

Rue Jean Robie

Av. P. Déjaer

Rue des Villas

Garibaldi

d'Alsemberg

Av. du Mt. Kemmel

Rue de Savoie

Avenue A. Demeur

Pl. Maurice Van Meenen

R. d. Loutrin

R. Arthur Diderich

de

Savoie

Rue de Bréart

Antoine

A. Delporte

Avenue

76

Jef Lambeaux

Pl.

E

F

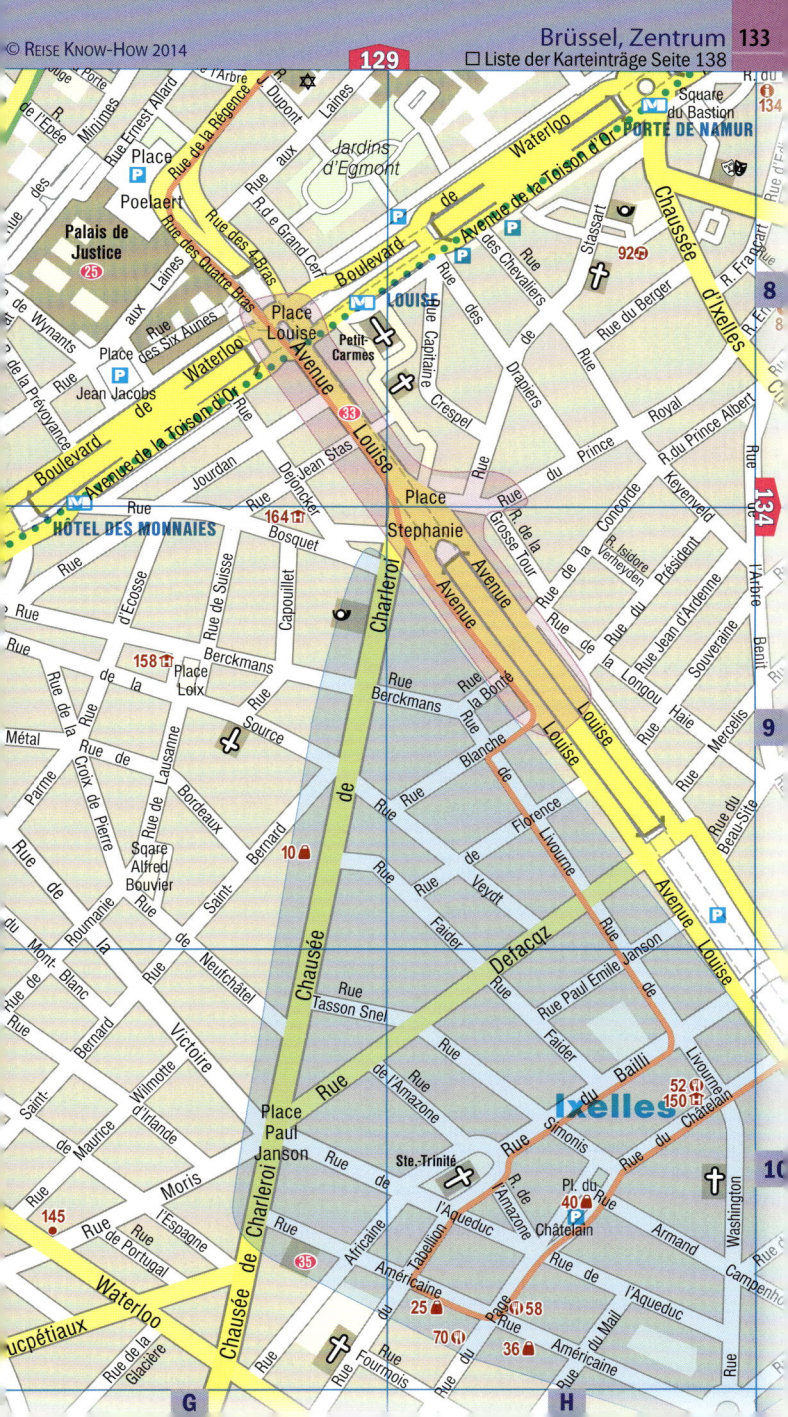

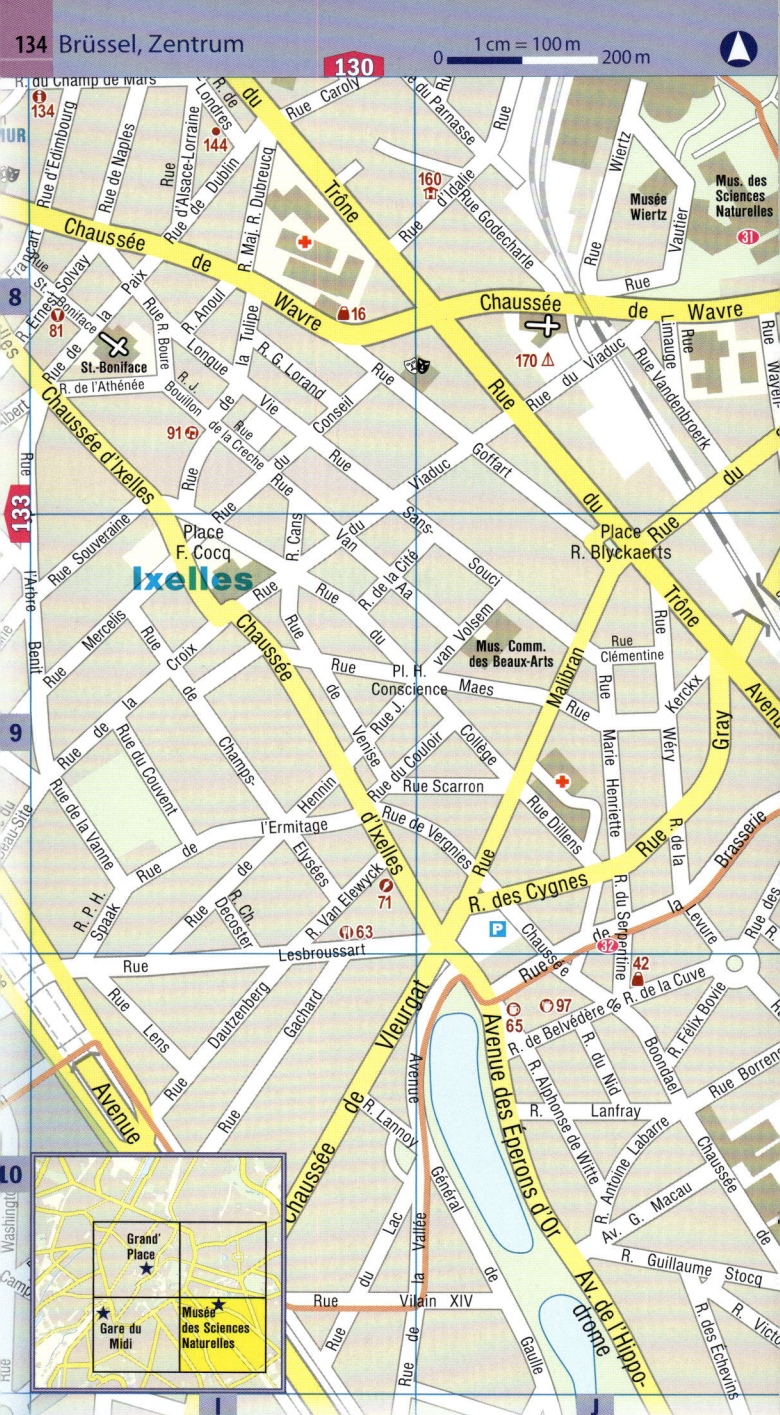

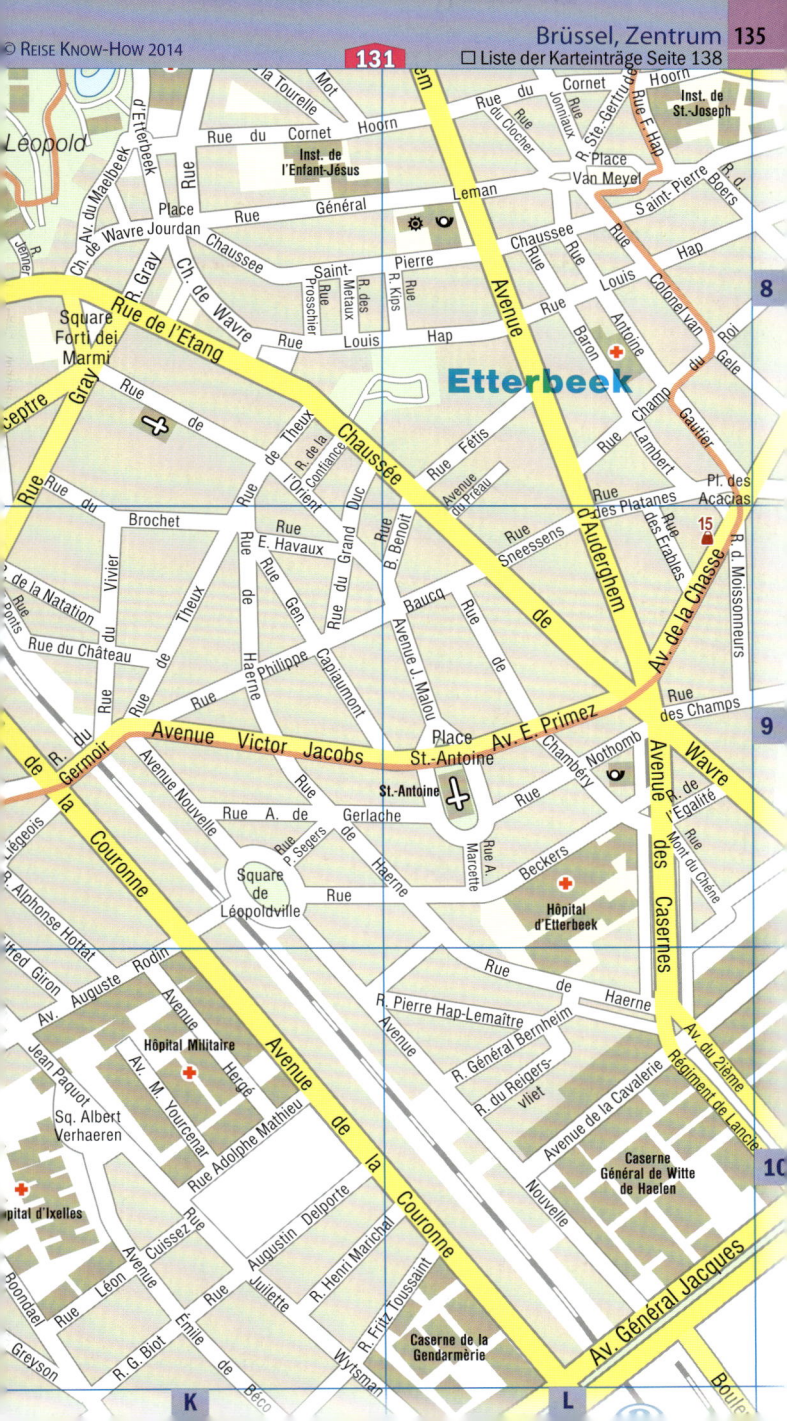

1 cm = 800 m

0   2000 m

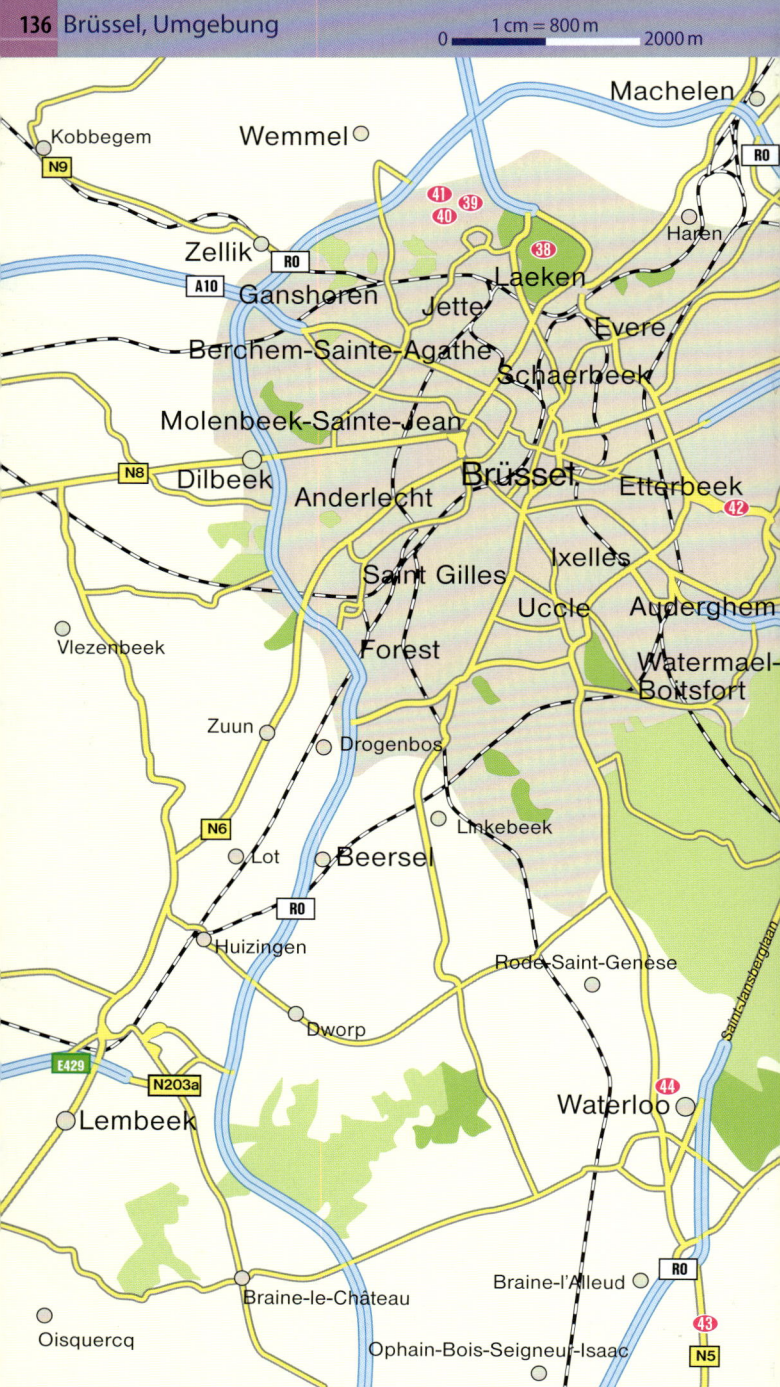

Machelen

Kobbegem

Wemmel

N9

R0

41 39

40

Haren

38

Zellik

R0

A10

Ganshoren

Laeken

Jette

Evere

Berchem-Sainte-Agathe

Schaerbeek

Molenbeek-Sainte-Jean

N8

Dilbeek

Anderlecht

Brüssel

Etterbeek

42

Ixelles

Saint Gilles

Uccle

Auderghem

Vlezenbeek

Forest

Watermael-Boitsfort

Zuun

Drogenbos

Linkebeek

N6

Lot

Beersel

R0

Rode-Saint-Genèse

Huizingen

Dworp

Saint-Jansbergplaan

E429

N203a

44

Waterloo

Lembeek

Braine-l'Alleud

R0

Braine-le-Château

43

Oisquercq

Ophain-Bois-Seigneur-Isaac

N5

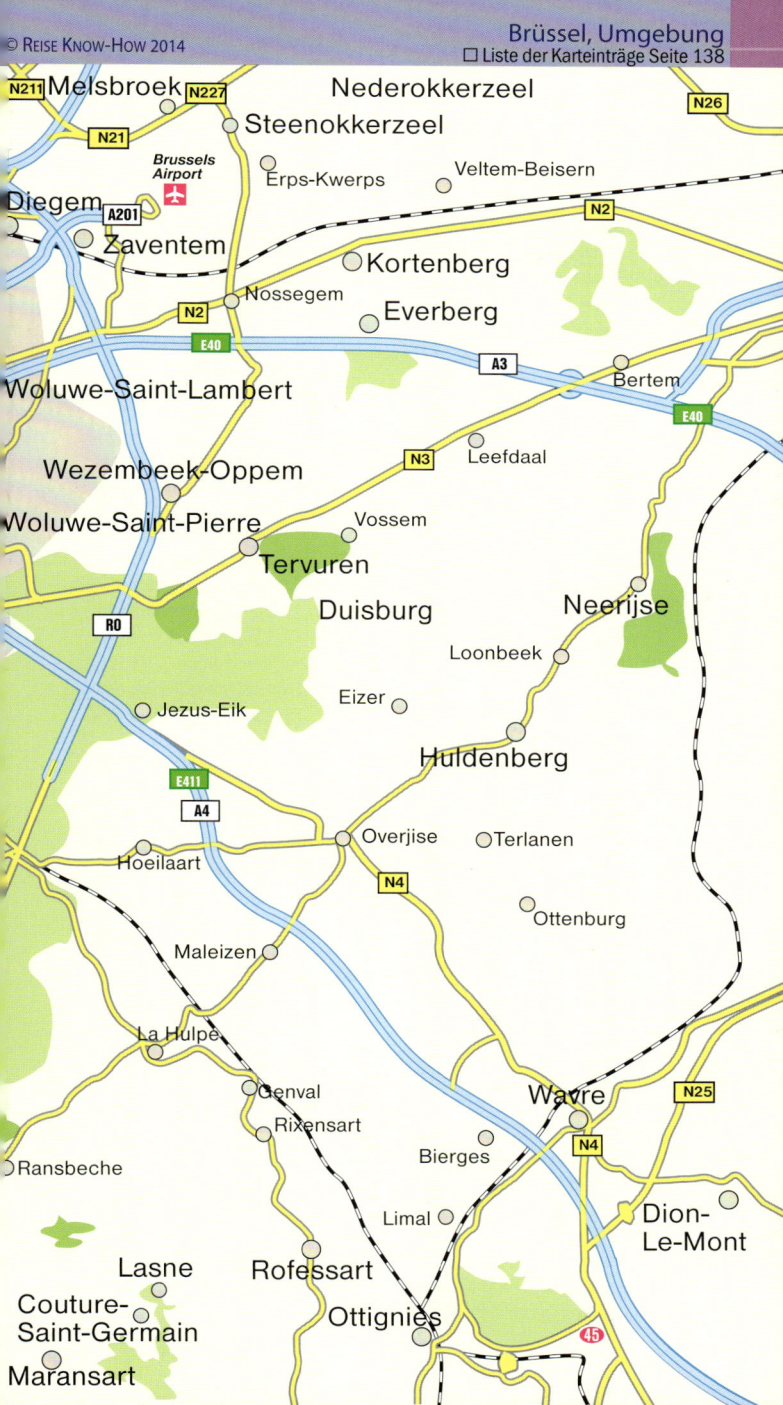

N211 Melsbroek N227 Nederokkerzeel
N21 Steenokkerzeel
Brussels Airport
Erps-Kwerps Veltem-Beisern
N26
Diegem A201 N2
Zaventem Kortenberg
N2 Nossegem Everberg
E40 A3
Bertem
Woluwe-Saint-Lambert E40
N3 Leefdaal
Wezembeek-Oppem
Woluwe-Saint-Pierre Vossem
Tervuren Neerijse
R0 Duisburg Loonbeek
Eizer
Jezus-Eik Huldenberg
E411
A4 Overjise Terlanen
Hoeilaart N4
Ottenburg
Maleizen
La Hulpe
Genval Wavre N25
Rixensart N4
Ransbeche Bierges
Limal Dion-Le-Mont
Lasne
Couture- Rofessart
Saint-Germain Ottignies 45
Maransart

Liste der Karteneinträge

Liste der Karteneinträge

Der Autor

Den Journalisten **Günter Schenk** führte es immer wieder beruflich nach Brüssel. Den Wandel der belgischen Metropole zu einem der populärsten Städtereiseziele konnte er so bestens beobachten. Für ihn ist Brüssel heute eine der lebendigsten Metropolen Europas, in der sich Erleben und Genießen vereinigen. Die Mischung aus Tradition und Moderne, die Brüssel ausmacht, inspirierte ihn schließlich zu diesem CityTrip-Band.

Der ehemalige Fernsehredakteur arbeitet als freier Reisejournalist für renommierte deutschsprachige Zeitungen und Magazine wie „GEOSaison", „Südwestpresse", „Westdeutsche Allgemeine Zeitung", „Rhein-Neckar-Zeitung", „Badische Zeitung" oder „Münchner Merkur". Im REISE KNOW-HOW Verlag erschienen in der gleichen Reihe seine CityTrip-Bände „Liverpool", „Antwerpen, Brügge, Gent", „Rotterdam", „Vilnius und Kaunas", „Mainz" und „Heidelberg", außerdem der PRAXIS-Band „Europas schönste Feste erleben", ein Führer zu den interessantesten Festen Europas.

Schreiben Sie uns

Dieser CityTrip-Band ist gespickt mit Adressen, Preisen, Tipps und Infos. Nur vor Ort kann überprüft werden, was noch stimmt, was sich verändert hat, ob Preise gestiegen oder gefallen sind, ob ein Hotel, ein Restaurant immer noch empfehlenswert ist oder nicht mehr usw. Unsere Autoren sind zwar stetig unterwegs und erstellen alle zwei Jahre eine komplette Aktualisierung, aber auf die Mithilfe von Reisenden können sie nicht verzichten.

Darum: Schreiben Sie uns, was sich geändert hat, was besser sein könnte, was gestrichen bzw. ergänzt werden soll. Wenn sich die Infos direkt auf das Buch beziehen, würde die Seitenangabe uns die Arbeit sehr erleichtern. Gut verwertbare Informationen belohnt der Verlag mit einem Sprechführer Ihrer Wahl aus der über 220 Bände umfassenden Reihe „Kauderwelsch".

Bitte schreiben Sie an:
REISE KNOW-HOW Verlag Peter Rump GmbH, Postfach 140666, D-33626 Bielefeld, oder per E-Mail an: info@reise-know-how.de

Danke!

Latest News
Unter **www.reise-know-how.de** werden aktuelle Ergänzungen und Änderungen der Autoren und Leser zum vorliegenden Buch bereitgestellt. Sie sind auf der Produktseite dieses CityTrip-Titels abrufbar.

3 Esplanade

6 Koning Boudewijn
Roi Baudouin

7 Heizel
Heysel

Houba-Brugmann

Stuyvenbergh

Bockstael

Pannenhuis

Belgica

2 **6** Elisabeth

Ribaucourt

Yser
IJzer

Rogier

Botanique
Kruidtuin

4 Gare du Nord
Noordstation

2 Simonis

Ossegem
Osseghem

Zwarte Vijvers
Étangs Noirs

Comte de Flandre
Graaf van Vlaanderen

Sint-Katelijne
Sainte-Catherine

De Brouckère

Gare Centrale
Centraal Station

Park
Parc

Beekkant

Bourse
Beurs

1 Gare de l'Ouest
Weststation

Anneessens

Jacques Brel

Delacroix

Clemenceau

Lemonnier

Porte de Hal
Hallepoort

Aumale

Saint-Guidon
Sint-Guido

Veeweide
Veeweyde

Zuidstation
Gare du Midi

Bizet

5 Erasme
Erasmus

7 Vanderkinderen

Eddy Merckx

CERIA
COOVI

Het Rad
La Roue

4 Stalle P

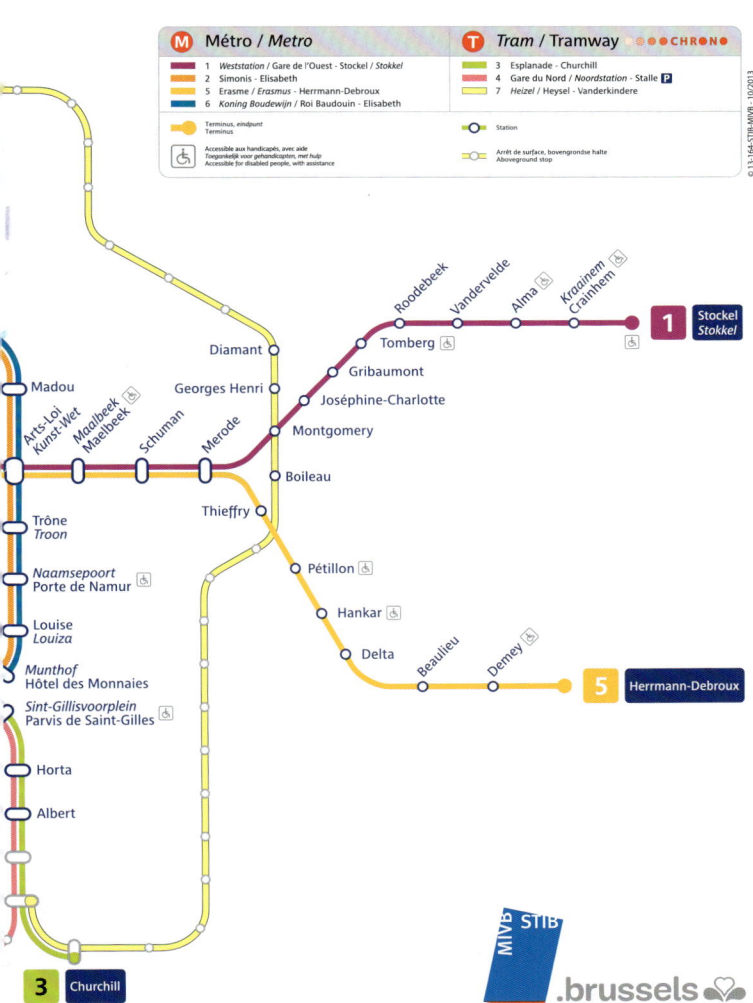

© 13-164-STIB-MIVB - 10/2013

M Métro / *Metro*

1 *Weststation* / Gare de l'Ouest - Stockel / *Stokkel*
2 Simonis - Elisabeth
5 Erasme / *Erasmus* - Herrmann-Debroux
6 Koning Boudewijn / Roi Baudouin - Elisabeth

Terminus, eindpunt
Terminus

Accessible aux handicapés, avec aide
Toegankelijk voor gehandicapten, met hulp
Accessible for disabled people, with assistance

T Tram / Tramway ● ● ● **C H R O N O**

3 Esplanade - Churchill
4 Gare du Nord / *Noordstation* - Stalle **P**
7 *Heizel* / Heysel - Vanderkindere

Station

Arrêt de surface, bovengrondse halte
Aboveground stop

1 Stockel / *Stokkel*

Stockel *Stokkel*
Kraainem / Crainhem
Alma
Vandervelde
Roodebeek
Tomberg
Gribaumont
Joséphine-Charlotte
Diamant
Georges Henri
Montgomery
Schuman
Merode
Boileau
Thieffry
Madou
Arts-Loi / Kunst-Wet
Maalbeek / Maelbeek
Pétillon
Hankar
Delta
Beaulieu
Demey

5 Herrmann-Debroux

Trône / *Troon*
Naamsepoort / Porte de Namur
Louise / *Louiza*
Munthof / Hôtel des Monnaies
Sint-Gillisvoorplein / Parvis de Saint-Gilles
Horta
Albert

3 Churchill

MIVB STIB

.brussels ♥

Zeichenerklärung

🏛	Hauptsehenswürdigkeit
[K8]	Verweis auf Planquadrat im Cityatlas/-faltplan
✚	Arzt, Apotheke, Krankenhaus
Ⓑ	Bahnhof
❶	Bar, Bistro, Klub, Treffpunkt
☎	Bed and Breakfast
📖	Bibliothek
☕	Café
⚠	Camping
🗿	Denkmal
🐟	Fischrestaurant
🖼	Galerie
🛍	Geschäft, Kaufhaus, Markt
🏨	Hotel, Unterkunft
🍴	Imbiss
ℹ	Informationsstelle
@	Internetcafé
🛏	Jugendherberge, Hostel
⛪ ⛪	Kirche
Ⓜ	Metro
☪	Moschee
🏛	Museum
🎵	Musikszene, Disco
🅿	Parkplatz
⚙	Polizei
✉ ☎	Postamt
🍺	Pub, Kneipe
🍽	Restaurant
🆂	Sport-/Spieleinrichtung
•	Sonstiges
🎭	Theater, Zirkus
🍷	Weinbistro

▬▬	Stadtspaziergang 1 (s. S. 8)
▬▬	Stadtspaziergang 2 (s. S. 9)

	Shoppingareale
	Gastro- und Nightlife-Areale

Brüssel mit PC, Smartphone & Co.

QR-Code auf dem Umschlag scannen oder **http://ct-bruessel14.reise-know-how.de** eingeben und den kostenlosen **CityTrip-Onlineservice** aufrufen!

★Anzeige der Lage und Luftbildansichten **aller** beschriebenen Sehenswürdigkeiten und touristisch wichtigen Orte
★**Routenführung** vom aktuellen Standort zum gewünschten Ziel
★**Exakter Verlauf** der empfohlenen Stadtspaziergänge
★**Audiotrainer** der wichtigsten Wörter und Redewendungen

Weitere kostenlose Downloads auf www.reise-know-how.de
auf der Produktseite dieses Titels unter „Datenservice":
★**Faltplan als PDF mit Geodaten:** Nach dem Speichern auch mobil nutzbar auf allen Geräten mit PDF-Reader. Für Smartphones/iPad empfiehlt sich die App „PDF Maps" von Avenza™ mit einer breiten Funktionspalette.
★**GPS-Daten aller Ortsmarken:** einfacher Import in GPS-Geräte, Navis und Geosoftware auf PCs und mobilen Geräten.

Apps zu Brüssel
Eine Auswahl an **empfehlenswerten Brüssel-Apps** finden Sie auf S. 104.